La Gloire de l'Algérie

Écrivains et photographes de Flaubert à Camus

Textes et illustrations rassemblés
par Elisabeth Fechner

calmann-lévy

ISBN : 2-7021-3144-1

Sommaire

Introduction

Par un curieux hasard, la photographie naît officiellement en 1839, l'année même où les Territoires du nord de l'Afrique, dont les Français ont entrepris la conquête, prennent par ordonnance royale le nom d'Algérie. Deux ans plus tôt, alors qu'un malencontreux coup d'éventail décidait du destin colonial de la France, Nicéphore Niepce réalisait, de sa fenêtre, les premiers clichés de paysages que l'on ait jamais pris. Le reportage photo venait de naître…

Passons sur les problèmes techniques, l'image d'abord inversée puis l'image négative pour arriver au positif direct, les sels d'étain puis de cuivre et enfin d'argent comme révélateurs, le support papier relayé par des plaques de verre recouvertes d'albumine remplacée plus tard par du collodion humide, et l'on arrive ainsi doucement jusqu'au milieu du XIXe siècle. À l'époque, faire des photos n'est plus tout à fait un exploit mais c'est encore une aventure : on transporte un matériel encombrant, on opère sous un drap noir, le temps de pose est interminable, un coup de vent et c'est le flou. Résultat : hormis des portraits réalisés en chambre, on ne dispose d'aucun témoignage en direct, d'aucun cliché sur ce préambule à une double histoire, celle de la photo et celle de l'Algérie française. Les expériences ailleurs, pourtant, ne manquent pas. Maxime Ducamp s'embarque en 1849 pour l'Égypte avec son matériel et rapporte quelques impressions de voyage, Charles Nègre photographie l'asile de Vincennes, Édouard Baldus la gare de Toulon, Gustave Le Gray les grandes manœuvres à Châlons, et les Britanniques John Thomson et Samuel Bourne quelques sites chinois. En 1858, Charles Nadar à bord d'un ballon réalise la première photo aérienne. En 1860, Hippolyte Bayard photographie Versailles.

Mais l'Algérie, dans tout ça ? Lors de la conquête en 1830, quand la photo n'existe encore qu'en laboratoire, ce sont bien sûr des peintres et des illustrateurs qui accompagnent l'armée d'Afrique et immortalisent sur toile ou sur papier les grandes batailles et les grandes figures. De même que les stars d'aujourd'hui ont leur photographe attitré, les Bugeaud, Lamoricière et autres ducs d'Orléans et d'Aumale partent sur le terrain, accompagnés de leur dessinateur personnel. C'est dire que les portraits réalisés tournent souvent à l'avantage de leurs mécènes, et les exploits à l'épique. On n'est pas dans le vrai mais dans l'interprétation exaltée, d'où ces gravures, façon Épinal, qui subliment les héros et noircissent leurs adversaires. Mais déjà, il est des militaires pour comprendre qu'un bon récit vaut parfois mieux qu'une mauvaise image, à l'opposé de ceux qui plus tard penseront le contraire. Une courte lettre envoyée à une épouse et c'est le pays dans toute sa beauté qui apparaît en filigrane.

C'est sous Napoléon III, en 1865, que l'Algérie va être pour la première fois photographiée. À vrai dire, l'affaire n'est pas commode, car si la technique permet désormais de fixer les monuments et les sites, elle ne sait pas encore gérer le mouvement, la foule, un cheval qui se cabre, une ombrelle qui s'envole. C'est donc au petit matin, quand rien ne bouge, qu'opèrent les photographes. Une fois développés, leurs clichés sont revus, retouchés, embellis et animés par des illustrateurs, du story-board avant l'heure. De fait, la presse raffole de ces dessins selon photos qui servent à illustrer les premiers reportages sur le terrain. Le talent des envoyés spéciaux fait le reste : sublimer un paysage, évoquer une senteur inconnue, glorifier cette lumière éblouissante que la pellicule n'arrive pas encore à saisir, trop blanche, trop violente, trop excessive. Les premiers d'entre eux, Théophile Gautier, Eugène Fromentin, Alexandre Dumas, Alphonse Daudet, Edmond de Goncourt ou Gustave Flaubert partent sur le terrain. L'Algérie, sous leur plume, se découvre dans toute sa splendeur.

Cependant, de 1830 à 1871, date de la grande révolte kabyle, il faudra plus de quarante ans aux Français pour se rendre maîtres de l'Algérie. Jusque-là, l'insécurité liée aux difficultés de transport n'engage pas à la découverte. Avec la fin des insurrections et les débuts du chemin de fer, qui coïncident avec l'invention du film souple, la voie de la photographie s'ouvre en Algérie. Ce n'est pas un simple rail, c'est déjà un réseau. Les oasis de Biskra et de Touggourt, la Kabylie, la Casbah, les odalisques et les dromadaires, tout ce qui est lointain, typique, exotique, folklorique, a d'emblée la faveur des opérateurs. La mode des cartes postales, que l'on appelle encore à juste titre des cartes de visite, y contribue, comme les récits de ces écrivains, amoureux fous d'une Algérie lumineuse. André Gide, Isabelle Eberhardt, Henry de Montherlant ne font pas que passer : ils s'installent dans le pays…

La vogue des expositions coloniales, suivie en 1930 en Algérie de la célébration triomphaliste du Centenaire, favorise dès lors le rôle des photographes. Cette fois, il s'agit de dresser l'inventaire du patrimoine. Tandis que de nouvelles routes raccourcissent les distances et que le matériel s'allège, on photographie à tout va, les villes, les villages, les vestiges et les hommes. L'état-major, les sociétés d'archéologie et de géographie multiplient d'après clichés les cartes topographiques, les aviateurs et les casse-cou se lancent dans la vue aérienne inaugurée pendant la Grande Guerre. Côté littérature, voici venu le temps des Algérianistes d'abord, et celui de l'École d'Alger ensuite, celui des universitaires et celui des petits gars de Bab-el-Oued qui parlent pataouète mais écrivent comme personne. Aimaient-ils ce pays plus que d'autres, eux qui pour la plupart y étaient nés? Écoutez! Jamais on n'a si bien chanté la gloire de l'Algérie. Regardez! Au poids des mots, jamais le choc des photos n'a paru si éclatant.

L'Algérie garde de nombreux vestiges de son époque romaine. Les ruines de Tebessa (*ci-contre*), de Timgad (*page suivante*), de Lambèse et de Batna témoignent d'une occupation à la fois militaire et civile, avec des enceintes, des fortifications mais aussi des capitoles, des mausolées, des forums, des thermes, des arcs de triomphe. À Tipasa, on a admis que le tombeau de la Chrétienne (*page suivante*) était un caveau punique, datant du IIe siècle avant Jésus-Christ.

CHAPITRE 1

L'Algérie avant 1830

“J'ai passé une partie de la journée d'hier au milieu des ruines de Lambessa. Quel peuple, quelle ville, quelles ruines! Quatre lieues de pierres énormes, gigantesques, une via sacra de deux kilomètres menant au temple de la Victoire, admirablement conservé : colonnes debout, mosaïques […] Là, près de Lambessa, jadis si belle, si florissante et dont les ruines parlent si haut, je vais créer… quoi ? Un pénitencier pour renfermer les fous furieux que la France rejette de son sein.”

Maréchal de Saint-Arnaud

Que connaissait-on de l'Algérie d'avant 1830 ? Ce que les historiens, les géographes et quelques rares voyageurs en avaient rapporté, autrement dit pas grand-chose tant le pays était difficile d'accès. Depuis plus de deux mille ans, cette bande de terre de mille kilomètres de long et d'à peine trois cents kilomètres de large n'avait de fait jamais cessé d'être convoitée, conquise, pillée, reprise, en guerre pour tout dire, et donc peu accessible aux voyageurs, aux poètes et aux contemplatifs.

Au début de notre ère, les Romains, qui avaient succédé aux Carthaginois, s'étaient pourtant efforcés de donner de l'Algérie une image séduisante. L'Histoire a retenu les grandes figures de l'époque : Scipion l'Africain, qui mit fin à la deuxième guerre punique, Caligula, qui en fit une province de Rome, Jugurtha, qui fomenta la révolte, Juba II, le Berbère soumis, latinisé, marié à Séléné, la fille de Marc-Antoine et de Lagide, son fils Ptolémée, Fronton, le rhéteur de Marc Aurèle né à Cirta, et Apulée, l'auteur des *Métamorphoses*, à Tébessa, Salluste enfin, le plus illustre peut-être d'entre tous, homme politique et homme de lettres qui s'installa dans le Constantinois et finit gouverneur de l'Afrique sous César.

Tous étaient un peu poètes, un peu historiens. S'ils ne l'étaient pas, ils chargeaient des secrétaires, des « nègres » de l'être à leur place : Pline l'Ancien et Tacite furent ainsi, en leur temps, chargés de répandre leurs belles paroles, de chanter à jamais leur gloire. Saint Augustin, évêque d'Hippone, fils de Berbères romanisés, né à Souk-Ahras, rédigea lui-même ses Mémoires. Peu importe, tous les témoignages concourent : l'Algérie d'alors était un pays de cocagne où il faisait bon vivre ; des vergers, des cultures, du blé, de l'orge, des vignobles et de grands domaines chargés d'approvisionner Rome, de l'élevage en veux-tu, en voilà, du bœuf, du mouton, des chevaux, des porcs, de la volaille, des fauves pour les jeux du cirque et des éléphants pour l'ivoire, des ouvrages d'art, trois grandes routes parallèles, des voies transversales pour les relier, des ponts, des aqueducs, et des villes qui n'avaient rien à envier à Florence ou à Sienne : Caesarea (Cherchell), Cuicul (Djemila), Sitifis

« *Je viens de faire des courses très étendues. J'ai été d'un côté jusqu'aux pieds du célèbre mont Atlas; de l'autre presque aux confins du grand désert appelé désert de Sahara. Que de richesses ! Que de tableaux magnifiques se sont offerts à mes regards ! Quel spectacle imposant et sublime que celui de la simple nature... Tout ici est ce qu'il doit être, et, malgré un désordre apparent, chaque objet y est à sa place. La ronce croît à côté du laurier, les myrtes sont entrelacées d'épines; ce n'est qu'à travers d'épaisses broussailles que l'on peut cueillir l'olive et la grenade. Les fleurs, belles sans artifice, n'étalent point, aux dépens de leur postérité, un éclat imposant qui meure avec elles.* »

Abbé Poiret

Alger est une ville triste, une terre rude ; des barbares, des soldats, des citadelles. Tout cela est entouré de déserts où rugissent le lion, le chacal, la hyène, où se traîne le serpent boa, où rampe dans les plus riches maisons le scorpion, dont la piqûre est mortelle. Puis, quand l'été est venu, ce sont les sauterelles, véritables plaies d'Égypte, qui se pressent intrépidement comme les armées de Gengis Khan et qui dévorent jusqu'à l'écorce des arbres. Outre ces maux généraux, parmi lesquels j'ai oublié les sables du désert et le simoun, espèce d'ouragan de cette terre de corruption, comme l'appelle l'Écriture, il n'y a que deux bonnes choses dans ce pays : l'opium, cette ivresse de brutes, et l'essence de roses.

Le Journal des débats, 1830.

(Sétif), Igilgili (Djidjelli), Saldae (Bougie), Cartennae (Tenès), Portus Magnus (Arzew), Pomaria, « Les Vergers », qui deviendra Tlemcen, Tipasa, Tébessa, Timgad, Lambèse… Une preuve de plus de ce bien-être ambiant, de ce *farniente* à la romaine : les inscriptions tumulaires que l'on retrouvera plus tard à Cirta (Constantine) et qui témoignent de l'incroyable longévité de ses habitants : Mundicius, quatre-vingt-quinze ans, Pacatus, cent vingt ans…

Avec Ibn Khaldoun, auteur au XIVe siècle d'une *Histoire des Berbères*, changement de décor. La vie politique du pays a basculé. Exit les Romains, schisme des chrétiens, intrusion des Vandales venus du Rhin et du Danube. Face aux premières révoltes berbères, plutôt que d'aller à l'affrontement, ces Germains menés par Genséric laissent piller Tenès, saccager Lambèse, Théveste, Timgad, Hippone et Wahran (Oran). Saigné à blanc, le pays succombe cette fois à l'envahisseur arabe puis aux bédouins d'Arabie qui arrivent par vagues autour du djebel Amour, ravageant tout sur leur passage, « comme une armée de sauterelles », dira Ibn Khaldoun. Forêts en feu, campagnes dévastées, villes en ruines : si Bedjaïa-Bougie, sur la pression des circonstances, devient un port florissant où l'on construit navires et galères, si Cirta-Constantine retranchée sur son rocher survit en autarcie, si Tlemcen menacée résiste par une succession de coups d'État, si Oran commence à se relever, plus belle qu'auparavant, Tenès, qui fut glorieuse, et Alger, qui n'est encore qu'un amalgame de quatre îlots rocheux, sont occupées et pillées.

Vient le temps des Barbaresques. « Ces guerriers vont faire des descentes sur les côtes. Ils y arrivent à l'improviste et enlèvent tout ce qui leur tombe sous la main ; ils attaquent les navires des infidèles, s'en emparent très souvent et rentrent chez eux chargés de butin et de prisonniers. De cette manière, Bougie et les autres ports occidentaux de l'Ifriqiya se remplissent de captifs ; les rues de ces villes retentissent du bruit de leurs chaînes », écrit Ibn Khaldoun.

Cervantès[1], Regnard[2], Léon l'Africain[3], le père Dan, saint Vincent de Paul, tous capturés et emprisonnés par les pirates, compléteront ce tableau d'une Algérie que pendant trois siècles n'abordèrent que quelques diplomates, matelots ou négociants venus de Marseille ou de Gênes et peu versés dans la littérature. Tout au plus s'indigne-t-on à l'époque en Europe de ce brigandage. Voltaire dénonce « ces milices, composées d'un amas de nations, anciens Mauritaniens, anciens Numides, Arabes, Turcs, Nègres qui s'embarquent presque sans équipage et infestent nos mers comme des vautours ».

ALGER, UNE VILLE TURQUE

La capitale de ces « vautours », qui annoncent l'arrivée officielle des Turcs et de la Régence, c'est El-Djezaïr, Alger. En trois siècles de piraterie, elle était devenue florissante, elle est tombée depuis en décadence tandis que *La Course* s'essoufflait. En forme de triangle, dominée de chaque côte par des fortins, la ville ne compte plus que trente-cinq mille habitants sur les cent mille qui l'ont peuplée, des Turcs en majorité mais aussi des Kouloughlis[4], des Arabes, des Berbères, des Noirs, des Juifs qui habitent déjà le quartier Bab-Azoun, des Mozabites qui ont le monopole de la boucherie, des Laghouati[5] qui sont palefreniers et oléi-

Page ci-contre. **C'est en cherchant à négocier le rachat de captifs chrétiens tombés sous le joug des pirates barbaresques que le père Dan, supérieur du couvent de la Trinité à Paris, est à son tour capturé, mis aux fers puis emprisonné à Alger. Une fois libéré, il dresse dans ses Mémoires, parues en 1637, le portrait d'une Régence débordée par la corruption et l'affairisme, « des Barbares, des soldats, des citadelles », écrit-il. De fait, depuis le XIVe siècle, Alger est devenue la plaque tournante du marché méditerranéen des esclaves.**

HISTOIRE DE BARBARIE ET DE SES CORSAIRES.

Par le R.P.F. PIERRE DAN, Ministre et Superieur du Conuent de la S.te Trinité, et Redemption des Captifs, fondé au Chasteau de Fontaine-bleau, Bachelier en Theologie, de la Faculté de Paris.

A PARIS,
Chez PIERRE ROCOLET, Libraire et Imprimeur ord.re du Roy, au Palais, aux Armes du Roy et de la Ville.
Auec Priuilege de sa Majesté.
1637.

Rousselet incidit

Musée de la Marine

Musée de la Marine

Ci-dessus : **Alger 1830. Une digue fortifiée et armée de trois cents canons, l'ancien Peñon espagnol, défend l'entrée du port. On entre dans la ville par des enceintes fortifiées : la porte Bab-Azoun, la porte de l'Arsenal, la porte de la Marine et ici, à l'extrême droite, la porte Bab-el-Oued. Sur les hauteurs de la Bouzareah, le Fort-l'Empereur date de 1541. Il a été construit par Charles Quint. C'est par là, et non par la mer, que les Français entreront, le 5 juillet 1830, dans Alger.**

culteurs, des Biskri[6] porteurs d'eau, des Noirs, esclaves, domestiques souvent, mais aussi manœuvres ou soldats à l'occasion, une poignée d'Européens enfin, marchands ou diplomates. Sur les vingt-cinq mille captifs que comptait la ville en 1637, il n'en reste que cent vingt-deux lorsque les Français l'occupent en 1830, et la Taïfa, la corporation des corsaires, n'arme plus que seize bâtiments.

Alger compte alors treize grandes mosquées et cent neuf plus petites, huit casernes et quelques trois mille maisons basses, blanchies à la chaux, enchevêtrées les unes sur les autres. Pas de terre-plein, peu d'esplanades, mais des venelles étroites et spécialisées : la rue des fileurs d'or, la rue des tanneurs, celle des bijoutiers, des serruriers, des charpentiers, des tisserands, des écrivains publics, où on ne circule qu'à dos de chameau ou de mulet. On grouille dans les cafés, dans les souks, dans les fondouks[7]. On se rafraîchit à l'une des nombreuses fontaines décorées de carreaux de céramique. La porte Nord, c'est Bab-el-Oued, la porte sud Bab-Azoun qui ouvre sur la Mitidja, et plus loin sur la Kabylie. La Casbah est une citadelle, le port, un plan d'eau de trois hectares auquel les compagnons de Barberousse[8] ont ajouté une digue et plusieurs forteresses reliées entre elles par une muraille. Réputé invincible depuis que l'armada de Charles Quint s'y est abîmée, lors d'une tempête en 1541, il peut recevoir plus de cent bateaux à la fois… Aux alentours, ce sont des jardins et des vergers magnifiques.

ORAN, UNE VILLE ESPAGNOLE

À l'ouest du pays, Oran était devenue, après la chute de Grenade et le reflux des Juifs andalous, une ville espagnole de vingt-cinq mille habitants. « C'est une grande cité édifiée par les anciens Africas sur la Méditerranée. La plus grande partie de ses habitants sont artisans et tissiers sur toile », écrit Léon l'Africain au XVIe siècle. Reprise par les Turcs en 1790, elle subit la même année une série de tremblements de terre qui ruine ses édifices et fait trois mille morts en trois minutes. En 1830, la ville tourne déjà le dos à la mer, n'est accessible que par deux portes qui, toutes deux, donnent sur la campagne, et ne compte plus que trois mille habitants. Ses rues portent des noms espagnols : Calle principal de la Carrera (« rue principale de la carrière »), Calle de los Calabocillos (« rue des petites prisons »), Calle de las Brujas (« rue des diseuses de bonne aventure »). Une fontaine avec lavoir approvisionne le quartier de la Marine, au bas du Murdjadjo. Le port n'a encore aucune activité : il faut en passer par Mers el-Kébir, mieux abrité. De vastes magasins taillés à même le roc servent cependant d'entrepôts. Une route empierrée mène à Alger : elle est bordée de moulins dont la plupart ne fonctionnent plus. Sur le bord de mer, les eaux thermales qu'avaient visitées en leur temps le cardinal Ximénès puis Jeanne la Folle, fille d'Isabelle la Catholique, sont devenues un lieu de pèlerinage pour les populations du Sahara. Elles ont la réputation de guérir la lèpre, de féconder les unions, de rendre la raison aux insensés, la vigueur aux libertins et la fraîcheur aux beautés fanées.

« *Pendant qu'on se disposait au combat, les préparatifs de l'expédition d'Alger s'achevaient [...] Ils n'étaient plus ces temps où Catherine de Médicis sollicitait du Turc l'investiture de la principauté d'Alger pour Henri III, non encore roi de Pologne ! Alger allait devenir notre fille et notre conquête, sans la permission de personne, sans que l'Angleterre osât nous empêcher de prendre ce château de l'Empereur, qui rappelait Charles-Quint et le changement de sa fortune. C'était une grande joie et un grand bonheur pour les spectateurs français assemblés de saluer, du salut de Bossuet, les généreux vaisseaux prêts à rompre de leur proue la chaîne des esclaves [...]* »

Chateaubriand

Musée de la Marine

Le square de la Régence *(ci-dessus)*, situé à l'emplacement de ce qui sera plus tard la place du Gouvernement, est déjà le vrai centre d'Alger. Sur les trente-cinq mille habitants de la ville, les Turcs sont majoritaires et occupent des postes clefs : administrateurs, soldats ou bourreaux. Les Kouloughlis, métis de Turcs et de femmes algériennes, sont une sous-classe dévolue aux travaux domestiques ou de gardiennage. Les Biskri, nomades à la peau foncée venus du Grand Sud, ont le monopole de l'eau. Les Laghouati et les Mozabites sont bouchers, les Juifs commerçants. Seules les femmes maures portent le voile blanc.

En réalité, une seule cité approche en importance Alger, c'est Constantine, forteresse naturelle perchée sur son rocher au-dessus du Rummel. La brèche formée par le torrent accueille les boutiquiers, les habitants se sont réfugiés sur les hauteurs. Les Arabes qui y habitent en majorité décrivent la ville comme un burnous étendu dont le capuchon serait formé par la Casbah. Ils l'ont surnommée Belad-el-Haoua, la cité du ravin, comme ils ont rebaptisé « pont du Diable » l'ancien ouvrage romain construit sous Justinien. La ville, qui compte vingt-cinq mille habitants, est assourdie par les croassements des vautours et des corbeaux. Un dicton circule : « Bénissez la mémoire de vos aïeux qui ont construit votre ville sur un roc ! Les corbeaux fientent ordinairement sur vous tandis que c'est vous qui fientez ici sur les corbeaux. » À Constantine, les femmes portent le voile bleu, les hommes

> *Il y a quelques jours que je m'étais embarqué dans le dessein d'aller mouiller au Collo, à quatre-vingts lieues d'Alger sur les côtes. Les relations que l'on m'avait faites de la beauté de ce pays m'avaient inspiré un vif désir d'aller le visiter… Mais les dangers de ce voyage me furent tellement confirmés, et évidemment démontrés, que je fus, à mon grand regret, obligé d'y renoncer. En effet, les bâtiments qui abordent au Collo pour la traite, sont forcés d'être sans cesse sur leurs gardes […] Ils se hâtent de charger les cuirs et autres denrées […], et s'éloignent le plus tôt qu'ils peuvent d'un pays où les hommes sont plus à craindre que les bêtes féroces.*
>
> Abbé Poiret

perpétuent la tradition du cuir et des armes.

Quant à l'intérieur du pays, il n'est alors qu'une immense étendue quasi déserte où circulent des tribus nomades. Si dans les Aurès, on vit dans des villages perchés dans la montagne et parfois troglodytes, ailleurs quelques villes émergent : Tlemcen, qui avec ses medersas et ses écoles reste un foyer culturel important, Mascara et Médéa, anciennes capitales régionales, Ouargla devenue la plaque tournante du commerce de l'or africain. À l'est, Bougie et Djidjelli se sont reconverties avec les corsaires en centres actifs de construction navale, Bône et Collo se sont spécialisées dans la pêche au corail, La Calle est un cas à part : son « Bastion de France » est une ancienne concession française obtenue sous Henri II. Dans la Mitidja, déjà bien cultivée en céréales, tabac et orangers, Blida, la ville de garnison des janissaires, a une réputation de petite vertu, El-Koléa, celle d'une ville sainte. Du grand désert on ne sait rien ou presque, sinon par tradition orale qu'il est le territoire des nomades, des caravaniers, des pasteurs et des jardiniers oasiens, Mzabites et Touaregs qui commercent avec l'Afrique noire. Dans une de ses lettres, Alexis de Tocqueville[9] confirmait :

« Quoique la côte d'Afrique ne soit séparée de la Provence que de cent soixante lieues de mer environ, qu'il se publie chaque année en Europe la relation de plusieurs milliers de voyages dans toutes les parties du monde ; qu'on y étudie assidûment toutes les langues de l'Antiquité qu'on ne parle plus, et plusieurs des langues vivantes qu'on n'a jamais l'occasion de parler, on ne saurait cependant se figurer l'ignorance profonde dans laquelle on était sur tout ce qui concerne l'Algérie : on n'avait aucune idée claire des différentes races qui l'habitent ni de leurs mœurs, on ne savait pas un mot des langues que ces peuples parlent ; le pays même, ses ressources, ses rivières, ses villes, son climat étaient ignorés : on eût dit que toute l'épaisseur du globe se trouvait entre nous. »

“ *Les deux premiers Français qui mirent le pied dans Alger, en 1830, ont été Eblé, autrefois mon camarade à Louis-le-Grand en mathématiques spéciales, et Daru, aujourd'hui mon collègue à la Chambre des pairs. Voici comment [...] Il y avait encore par la porte par où ils passèrent des têtes de Français fraîchement coupées, reconnaissables à leurs favoris blonds ou roux et à leurs cheveux longs [...] La Casbah était déserte. Il n'y avait pas deux heures que les dernières femmes du dey l'avait quittée. C'était un déménagement qui ressemblait à un pillage. Les meubles, les divans, les boîtes, les écrins ouverts et vides étaient jetés pêle-mêle au milieu des chambres [...] Ce qui frappa Daru et Eblé, c'était la quantité d'étoffes de Lyon en pièces empilées dans les appartements secrets du dey. Cela, par moment avait l'air d'un magasin, soit que le dey en eût la manie, soit qu'il en fît le commerce [...] Les soldats, du reste, regorgent de toutes sortes de choses prises dans la déroute du camp de Hussein-Dey. Daru acheta un chameau cinq francs.* ”

Victor Hugo[10]

Le 14 juin 1830, l'armée française forte de trente-sept mille hommes et de quatre mille chevaux débarque à Sidi-Ferruch, à l'ouest d'Alger. Le 19 juin, elle repousse la milice turque à Staouéli. Le 4 juillet, après avoir contourné la ville, elle attaque Fort-l'Empereur, l'ancienne prison où Cervantès avait été captif en 1575. Le 5 juillet, elle entre dans Alger par la porte Neuve. Les combats sont meurtriers, le fils du général de Bourmont, commandant en chef de l'armée, trouve la mort tandis que son père plante victorieusement le drapeau français : voici comment l'imagerie populaire présentait à l'époque, dans les journaux, les premiers jours de la campagne d'Afrique.

Musée de la Marine

« À l'ancienne Hippone a succédé la ville de Bonne[11], bâtie sur les bords de la mer, à l'embouchure de la rivière de Seybouse. Cette ville est environnée d'un assez bon mur, défendue par une forteresse sur les bords de la mer, et par un château considérable, bâti par Charles Quint, lorsqu'il s'empara de cette ville en 1535. Les rues de Bonne sont très étroites, malpropres, boueuses, point pavées et toujours pleines de fumier et de bouses de vaches. Les maisons, d'une forme carrée, n'ont qu'un seul étage. Les fenêtres donnent toutes sur la cour [...] Au lieu de toits, le dessus des maisons est une plate-forme en terrasse. Chaque maison est construite en pierres blanches, auxquelles on ajoute, tant en dehors qu'en dedans, une couche de chaux, ce qui produit un coup d'œil uniforme, peu gracieux, et très fatigant pour la vue. »

Abbé Poiret

Située en 1830 à l'emplacement de ce qui sera plus tard le square Bresson, la porte Bab-Azoun rejoignait la porte de Bab-el-Oued par la seule vraie rue qui traversait alors Alger. La ville comptait quinze mille habitations tellement serrées les unes sur les autres que les premiers observateurs l'avaient comparée à une pomme de pain. Impossible pour deux chevaux de franchir de front ses ruelles, impossible aux canonnières d'entrer. Les Français devront raser des quartiers entiers pour faire circuler leurs troupes.

La Casbah est le domaine réservé des janissaires, un enchevêtrement de casernes où Ali Loco (Ali le fou), l'avant-dernier dey d'Alger, menacé de mort par la milice, avait fait transférer les trésors de la Djénina, sa résidence privée. Hussein, son successeur, l'auteur du « coup de l'éventail », y avait élu domicile avec femmes, enfants et gardes du corps. C'est là qu'il sera arrêté par les Français avant d'être transféré au Moyen-Orient.

“ *Supposez un instant qu'un nouveau Dédale ait été chargé de bâtir une ville sur le modèle du fameux labyrinthe, le résultat de son travail aurait précisément quelque chose d'analogue à l'ancien Alger. Des rues étroites, de largeur inégale, offrant dans leurs nombreux détours toutes les lignes imaginables, excepté cependant la ligne droite pour laquelle les architectes indigènes paraissent professer un éloignement instinctif; des maisons sans fenêtres extérieures, quelques lucarnes tout au plus, des étages avançant l'un sur l'autre de telle sorte que vers le sommet des constructions, les deux côtés opposés d'une rue arrivent souvent à se toucher; quelquefois même la voie publique est voûtée sur un espace assez considérable. Représentez-vous tout cela éblouissant de blancheur par suite de l'usage où on était de donner, chaque année, deux couches de chaux aux bâtiments, et vous aurez reconstruit la véritable Alger par la pensée.* ”

Berbrugger

Musée de la Marine

CHAPITRE II

Le temps des militaires

Musée de la Marine

« Tu céderas ou tu tomberas sous ce vainqueur, Alger, riche des dépouilles de la chrétienté. Tu disais en ton cœur avare : Je tiens la mer sous mes lois et les nations sont ma proie. La légèreté de tes vaisseaux te donnait de la confiance, mais tu te verras attaquée dans tes murailles comme un oiseau ravissant qu'on irait chercher parmi ses rochers et dans son nid, où il partage son butin à ses petits. »

Ainsi s'exprimait Chateaubriand, avant même que l'armée d'Afrique ne débarque à Sidi-Ferruch, le 14 juin 1830. C'est que le « coup de l'éventail », devenu « l'affaire d'Alger », avait provoqué en France de vives réactions entre interventionnistes et partisans du laisser-faire. La presse, avide de sensationnel, s'en était mêlée, virtualisant les futures opérations, anticipant les méfaits du climat, imaginant pour les soldats des tenues de camouflage, suggérant même l'aide de chiens renifleurs pour déjouer les ruses des Barbares. L'idée générale était celle d'une intervention rapide, vite fait, bien fait, pour jouir au plus vite des délices supposées d'une Algérie mythique. « Savez-vous comment on prend les bains à Alger ? pouvait-on lire dans *Le National.* Comme au temps des romains : des salles surchauffées de vapeur d'eau et de grands nègres masseurs qui font le service. »

Sur le terrain, les premiers observateurs déchantent. « Je n'ai jamais rien vu de si hideux qu'Alger », écrit, à peine débarqué, le comte Loverdo à sa femme. « D'enthousiasme, il n'y en a pas l'ombre », souligne le sous-lieutenant d'artillerie César de Kergorlay. « La ville est un labyrinthe fait pour désorienter l'étranger », constate le général Clauzel. « La merveilleuse invasion [...] et cette immense étendue de côtes ont ébloui les regards et trompé les esprits », précise le chef d'état-major Marmier. « On berce les imaginations françaises. Au-delà d'Alger, la Mitidja n'est qu'un immense cloaque », ajoute le général Berthézème. Alexis de Tocqueville confirme : « Du haut de Kouba, nous voyons la Mitidja. Magnifique plaine... mais pas une maison, pas un arbre, pas un homme. » Et Alfred de Vigny conclut dans *La Revue des Deux Mondes* : « On ne semble pas se douter à

Pages précédentes et ci-contre.
Dès le début de l'occupation française, le quartier algérois de la Marine devient le domaine des gargotiers et des pêcheurs. Sa tour octogonale qui date du XVIe siècle et portait autrefois un phare abrite l'Amirauté. Les bâtiments qui l'entourent sont dévolus aux militaires. Les musulmans s'y rendent cependant nombreux pour honorer l'ancien sanctuaire de Sidi Robrini et se désaltérer à la petite fontaine ornée d'arabesques, élevée autrefois par le dey Baba Ali.

“ *Me voici en Afrique [...] Quel spectacle que cette côte d'Afrique où je suis condamné à vivre si longtemps, quel tableau que cette ville d'Alger ! Figure-toi un amphithéâtre, formé de trapèze renversé, en craie blanche avec de petites taches noires régulières. Voilà l'aspect d'Alger, même vu de très près. La masse de craie blanche, ce sont les maisons toutes blanchies chaque année, bâties les unes sur les autres, et surmontées de la Casbah. La côte est admirable. [...] La pointe de l'extrémité gauche de la baie est dominée par un fort qui couronne le Cap Matifou [...] Tout cela parsemé de maisons de campagne entourées de palmiers, d'orangers, avec des haies d'aloès ; les maisons brodées à jour comme des dentelles, les arbres, les prés verts, les amandiers en fleurs.* ”

Maréchal de Saint-Arnaud

« L'autre jour à Alger, – nous entrions dans ce mois d'octobre qui est si beau quand il est beau – le soleil se couchait splendidement. Le ciel était bleu ; l'air était tiède ; la brise caressait le flot, le flot caressait la rive […] Un bateau à vapeur, et qui portait un nom charmant, le Ramier, était amarré au môle […] Des calfats et des matelots allaient et venaient du bateau à terre, débarquant des colis sur lesquels étaient fixés tous les regards de la foule. Sur le débarcadère, des douaniers ouvraient les colis, et, à travers des caisses entrebâillées, dans la paille à demi écartée, sous les toiles d'emballage, on distinguait des objets étranges, deux longues solives peintes en rouge, une échelle peinte en rouge, un panier peint en rouge, une lourde traverse peinte en rouge dans laquelle semblait emboîtée par un de ses côtés une lame épaisse et énorme de forme triangulaire. Spectacle autrement attirant, en effet, que le palmier, l'aloès, le figuier et le lentisque, que le soleil et que les collines, que la mer et le ciel : c'était la civilisation qui arrivait à Alger sous la forme d'une guillotine. »

Victor Hugo

Paris qu'il y ait eu une campagne d'Alger brillante et profitable. Peu s'en faut que chaque conquérant revenant en France ne se cache de sa conquête comme d'une mauvaise action, et ne l'efface de ses états de service. »

On est loin du coup de foudre annoncé.

Outre les officiers et les soldats qui découvrent le pays les armes à la main, les interprètes recrutés dans les corps consulaires, les médecins de bonne volonté et les peintres officiels de la marine, dont Horace Vernet, l'expédition d'Alger compte quelques observateurs et correspondants de guerre comme Jean-Toussaint Merle, époux de la fougueuse Marie Dorval, l'égérie d'Alfred de Vigny justement. Sa relation de la prise d'Alger est purement stratégique : « Il fallait, écrit-il à sa femme, que l'expédition réussît et qu'elle réussît dans un temps donné. C'est fait. » Un peu plus tard, il ajoute cependant : « Quand, au sortir du fort de la Marine, l'on pénètre dans ces rues étroites, infectes et tortueuses, où se presse un peuple demi-nu, que l'on voit ces maisons qui se touchent par le sommet, cette hideuse population juive, ces femmes toujours voilées dont on ne distingue que les yeux noirs… l'on éprouve un sentiment inexprimable d'impatience et de dégoût. »

La déception de Jean-Toussaint Merle est partagée par l'ensemble des officiels. Le général Clauzel, ancien planteur de Louisiane qui, à l'arrivée de Louis-Philippe, a succédé au général de Bourmont, écrit à la Chambre : « Il faut que les illusions cessent ; ce pays-ci n'est ni industriel ni agricole, les environs d'Alger sont incultes et nulle part on ne trouve de villages. » Le futur maréchal de Saint-Arnaud[1] précise : « J'arrive de Blida, j'arrive désappointé. J'arrive dégoûté des châteaux en Espagne. » Bugeaud, qui a intrigué pour obtenir un commandement en Algérie, déchante : « Il est très agréable et très facile à un homme d'épouser une jeune femme belle, riche, séduisante et dont il est éperdument amoureux, dit-il. Mais que diriez-vous de l'homme forcé d'épouser une femme laide, disgracieuse, qu'il ne pouvait souffrir ? Eh bien, je serai envers l'Algérie ce mari, ce galant de nouvelle espèce, et je la traiterai si bien, je l'entourerai de tant de soins, de tant d'amour, que force lui sera bien de redevenir jeune, séduisante et belle. »

DES PILLARDS ET DES SPÉCULATEURS

Pour y parvenir, on commence par violer la belle. À peine arrivées dans Alger, juste le temps de construire une route carrossable pour accéder à la porte Bab-Azoun, les troupes du colonel Bartillat, commandant du quartier général, entreprennent de piller la Casbah dont une explosion a détruit le fort. On met à sac l'ancienne demeure du Dey, on expulse ses habitants, on plume vivantes des centaines d'autruches, on vole les meubles, les tapis, les armes, les étoffes, les bijoux. Le trésor qu'elle renferme, estimé à cent cinquante millions de francs-or, est curieusement à l'arrivée revu à la baisse des deux tiers. Le reste a disparu… Volatilisé… « Pas pour tout le

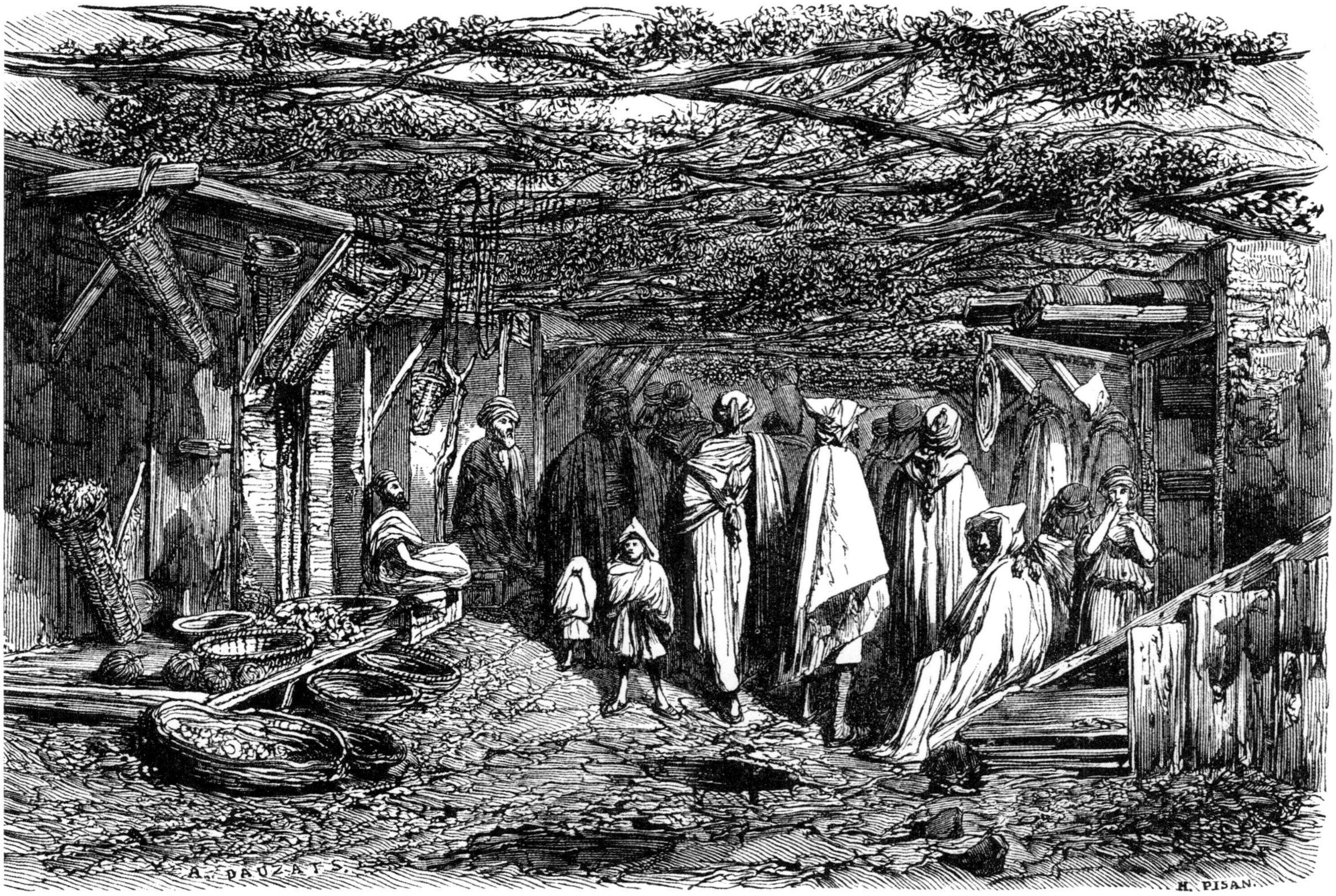

En 1830, on a pris Alger mais la Mitidja est un marécage, le « pays des fièvres » où s'embourbe l'armée française. « Blida est une pure ville musulmane de cinq mille âmes, écrit le duc d'Orléans. Vue de dehors, elle paraît une capitale par la fraîcheur des eaux, par ses riches vergers et par son étendue ; mais l'intérieur ne répond pas à cette première impression. Excepté les mosquées, pas une maison n'a dix pieds de haut [...] Pour les véritables colons, il n'y a rien à faire à Blida... » Le dauphin se trompait. Avec le temps, Blida, « La petite rose », deviendra une des cités les plus prospères d'Algérie.

“ *Course aux environs d'Alger, à Couba. Route superbe qui semble devoir conduire aux provinces d'un vaste empire et qu'on ne peut suivre plus de trois lieues sans se faire couper la tête. Végétation prodigieuse, terre végétale très épaisse. Pays de promission, s'il ne fallait pas le cultiver le fusil à la main. Du haut de Couba, nous voyons la Mitidja : magnifique plaine, cinq lieues de large, trente de long, toute une province. Ressemble à l'Alsace.*

Le soir, course à la Casauba. Alger vieux nous paraît un immense terrier de renard : étroit, obscur, enfumé. Population qui, à cette heure, semble oisive et dissolue. Cabaret indigène où se trouvent des filles publiques maures qui chantent et où l'on boit du vin. Mélange des vices de deux civilisations. Tel est l'aspect extérieur. ”

Alexis de Tocqueville

Mostaganem est une ville retranchée lorsque le général Desmichels s'en empare en juillet 1833. Créée au XIIe siècle par les Zianides de Tlemcen, elle s'appelle alors Mostar'anem. Passée en 1516 sous le pouvoir de la Régence, elle est l'objet de rivalités qui, peu à peu, ont entamé sa prospérité. Lorsque les troupes françaises en prennent possession, elle ne compte plus qu'un millier d'habitants entassés dans le vieux Bordj El Mehal.

monde », murmure-t-on à Paris, où l'on dénonce ce premier abus de biens sociaux et les premières exactions connues, dont un trafic d'armes, rapportées par le chef de bataillon Fernel : « Il n'y avait pas encore quarante-huit heures que l'armée était campée dans un des plus beaux pays du monde, et déjà ce pays était dévasté. Les soldats coupaient pour brûler tout ce qui leur tombait sous la main : des orangers magnifiques couverts de fleurs, des figuiers superbes, des palmiers qui s'élevaient jusqu'aux nues étaient abattus et jetés au feu... Des maraudeurs couraient partout avec des pieux et des barres de fer, frappant sur les murs et les pavés. »

Après le harcèlement, l'expropriation. D'emblée, on fait abattre des rangées entières d'habitations, on évacue les maisons pour y loger des soldats, on s'attribue quelque deux cents villas au titre des travaux urgents, on convertit la plupart des mosquées en casernes et la plus belle, la Ketchâwa, en église, malgré le « sitting » protestataire de quatre mille musulmans. Pour « pourvoir provisoirement aux exigences du service », les fantassins deviennent terrassiers, les cavaliers muletiers : il s'agit d'élargir les rues pour permettre aux chariots et aux canonnières d'entrer dans la ville. À proximité du port, on débaptise la Bab-Aziza (la porte de l'Île) pour en faire la porte de France, on rase purement et simplement les boutiques indigènes qui la bordent, on aménage une transversale, la rue de la Marine, et on construit, à l'emplacement de la rue des Relieurs et de celle des Teinturiers, une place d'Armes, la futur place du Gouvernement, dont trois côtés vont désormais reposer sur des voûtes aménagées en magasins. La Djénina, l'ancienne résidence du Dey, est transformée en relais de poste.

Les premiers arrivants civils qui débarquent à Alger sont des gargotiers qui

« *Vous enverrez, dites-vous, en Afrique les imaginations diaboliques qui tourmentent l'Europe. Je réponds que vous n'y enverrez que de braves conscrits et quelques misérables banqueroutiers, des cabaretiers, des cafetiers, des marchands de modes et de comestible, mais vos turbulents lettrés, vos journalistes, vos hommes d'estaminet et de sociétés secrètes ne viendront jamais ni dans l'armée, ni dans la Mitidja.* »

Maréchal Bugeaud

ouvrent tavernes, restaurants et hôtels. « À la fin du mois de juillet, il y avait déjà des marchands européens établis dans la ville, rue Bab-el-Oued, rue de la Marine, rue des Consuls. Deux hôtels, un rue de la Marine, hôtel de Malte, l'autre rue des Consuls, hôtel des Ambassadeurs... Quelques pieds mignons venus d'Ibérie attiraient les regards des mahométans autant que ceux des Français », raconte le capitaine Rozet.

De fait, les spéculateurs ont envahi la ville, « des Européens de tout sexe et de toutes nations poussés par le besoin d'augmenter leur bien-être et d'échapper à de fâcheux souvenirs », précise Pélissier de Raynaud. Ils sont en réalité marseillais et génois et achètent pour des bouchées de pain les meilleurs emplacements, qu'ils revendent à la hausse dès le lendemain. La ruée vers l'Algérie gagne les militaires : « Tout le monde achetait des maisons de

« Alger, par ses deux portes à la fois, sort de son enceinte, et s'embellit, sur une route parfaite de deux faubourgs exclusivement européens et français [...] On se loue du climat, on dit que ses plaisirs, à la jouissance desquels tant de gens aujourd'hui réduisent leurs souhaits, sont faciles ; il y a un théâtre, beaucoup d'habitants font de belles opérations de commerce [...] enfin c'est un concert qui ne peut abuser longtemps que les esprits superficiels. Qu'on réfléchisse un peu cependant et que l'on s'enquière : cette ville n'est plus [...] qu'un hôpital et qu'une prison [...] Ces soldats de si bonne mine ont la moitié de leurs camarades aux mains des infirmiers ; ces marchands sont un avide troupeau de traitants, d'usuriers, de spéculateurs hasardeux, ramas en grande partie d'aventuriers sortis de toutes les boues d'Europe. »

Louis Veuillot

En 1834, par décision de la Chambre des députés, l'Algérie devient officiellement une « possession française du Nord de l'Afrique ». Après quatre ans d'occupation restreinte, l'armée trouve enfin sa légitimité. Les officiers français engoncés dans leurs redingotes ont compris que le climat jouait contre eux. Leurs troupes sont décimées.
Les bataillons indigènes, spahis et tirailleurs, vont prendre la relève.

“Alger, qui a pour premier mérite de faire voir des têtes coupées à nos soldats, a l'avantage secondaire d'enrichir Marseille [...] Si la France pouvait trouver un homme comparable au maréchal Davout, elle devrait l'envoyer à Alger avec carte blanche. Mais si elle ne trouve ni un Davout, ni un Saint-Cyr, ni un Daru, jamais le Français colon ne fera rien qui vaille. Imprudent, audacieux, dominé par un instant de folie et par le désir de se donner un rôle d'un moment, le Français usera toutes ses forces dans un jour; le lendemain, nous en serons au découragement.”

Stendhal

« La ville est fort étendue, c'est une ville moderne [...] De Mascara jusqu'à Tombouctou, il n'y a plus de montagnes, et l'on n'a que quelques collines à franchir pour arriver au désert », note le duc d'Orléans. Depuis le débarquement de l'armée d'Afrique, Mascara était devenue le fief incontesté de l'émir Abd el-Kader qui, à vingt-sept ans, menait la résistance armée contre les Français. Pour l'en déloger, il faudra incendier la ville.

En 1836, c'est Tlemcen qui tombe. La ville est à la fois aux mains des Kouloughlis et des Marocains qui ont voulu s'en emparer. Dans l'affaire, les premiers vont devenir les alliés inattendus des Français et se battre à leurs côtés. Pas pour longtemps ; le traité de la Tafna laissera Tlemcen à Abd el-Kader.

campagne et des champs, raconte Rozet. Les chirurgiens de l'armée, les pharmaciens et jusqu'aux employés de l'administration qui avaient leurs propriétés. Il est vrai que cela ne coûtait pas cher. »

N'empêche, en six mois d'occupation française à Alger, le coût de la vie a fait la culbute : loyers, denrées, bétail ont doublé à l'achat. C'est que la décision de s'installer, longtemps remise, a enfin été prise. Dès 1831, la ville étend ses anciens quartiers vers le faubourg de Mustapha pour accueillir les volontaires parisiens qui ont demandé à servir en Algérie ainsi que les nouveaux régiments, institués par ordonnances royales : la Légion étrangère et les Chasseurs d'Afrique.

CHOLÉRA ET ALCOOLISME

La conquête cependant ne va se poursuivre ni à ce rythme d'enfer ni dans cette exaltation. Il faudra plus d'un demi-siècle pour étendre la domination française à l'ensemble de l'Algérie. Durant les dix premières années, on se bat, on défriche, on bâtit, on occupe autour d'Alger des postes de plus en plus avancés : Maison-Carrée, Dely-Ibrahim, Hussein-Dey, Birkadem, El-Biar, Birtouta. Dans la Mitidja, hérissée de broussailles et de palmiers nains, abandonnée aux hyènes et aux panthères, on assainit les marécages autour de l'ancien bazar de Boufarik où cinq mille bédouins ont pris l'habitude

« *Avant d'entrer dans le défilé de Muley-Ismaïl […], nous traversâmes des terrains couverts de broussailles et des champs qui avaient été cultivés cette année. Ensuite les broussailles furent remplacées par des lentisques ; ces touffes devinrent peu à peu plus grandes et plus hautes. On ne peut comparer l'aspect de ces collines jaune d'ocre, couvertes de taches vertes, qu'à une grande peau de panthère. Un quart de lieue avant de sortir de la forêt, on aperçoit la vaste plaine du Sig à laquelle on arrive en traversant une clairière d'oliviers sauvages et de tamarins. Il fallut faire plusieurs haltes à cause de l'excessive chaleur. Ceci paraîtra incroyable à Paris, mais ce n'est pourtant que rigoureusement vrai : pour ma part j'aurais donné mille francs d'un verre de bonne eau.* »

Duc d'Orléans

Pages précédentes et ci-contre.
Constantine, formidablement défendue par sa situation naturelle, a repoussé une première fois l'armée française en 1836, sous une pluie diluvienne. Le 13 octobre 1837, elle capitule enfin sous les assauts répétés de quatre brigades menées par le général Lamoricière. L'opération est meurtrière, Damrémont et Perregaux y trouvent la mort, des centaines d'indigènes se jettent dans le vide pour échapper à l'offensive.

de se réunir. Manu militari, on prend Cherchell et Blida, on franchit l'Atlas au col de la Mouzaïa ; on caserne à Médéa, Miliana, Douera et Koléa. Pas de colonisation encore, la région n'est pas sûre et les essais d'exploitation peu concluants. Les premiers cultivateurs de Fouka, anciens soldats pour la plupart, hésitent à se sédentariser. Pour les convaincre, on les « marie au tambour » à des filles venues de Toulon et dotées, chacune, de deux cents francs. Ils travaillent la terre, le fusil en bandoulière, l'œil à l'affût d'une razzia, « Alors, elle est féroce, terrible, impitoyable », note Saint-Arnaud. Dans l'insécurité, priorité est donnée aux routes, aux remparts, aux citadelles et surtout aux hôpitaux destinés à recevoir les mourants atteints par le choléra et les « fièvres » après les pluies diluviennes qui se sont abattues sur le pays. Un autre fléau ravage les rangs de l'armée, l'alcoolisme. « L'ivresse était facile pour des malheureux à moitié gelés et affamés. Et tout homme ivre était un homme mort s'il s'affaissait », rapporte à ses supérieurs l'intendant général Wolff.

D'ailleurs, l'entrée de la plupart des villes est interdite aux particuliers, tant par mesure de sécurité que pour éviter la spéculation, voire occulter les horreurs qui s'y déroulent : enfumades, lapidations, tortures qui sont le lot quotidien de cette guerre sans nom, dans un pays qui n'en a pas encore et que l'on continue d'appeler la Barbarie pour justifier les exactions qui s'y déroulent. « À Oran, nous avons plus ruiné et dévasté que le tremblement de terre », constate le député Gaétan de La Rochefoucauld. « En Kabylie, j'ai laissé sur mon passage un vaste incendie ; tous les villages, environ deux cents, ont été brûlés ; tous les oliviers coupés », avoue le général de Saint-Arnaud. « Les rues, à Blida, sont couvertes de joncs », commente le duc d'Orléans[2] qui les parcourt en 1834. « Elles sont encadrées de maisons basses qui ressemblent à des loges de bêtes féroces ou à des… cartons à chapeaux. » Louis Veuillot[3] précise : « La guerre grondait aux portes d'Oran et de Constantine ; il fallait du canon pour aller d'Alger à Blida ; il fallait une armée pour ravitailler nos garnisons captives de Miliana et de Médéa. » Le comte de Castellane conclue : « Pas de bois, pas d'abri contre le vent ; quelques chardons, de la fiente desséchée avec laquelle on faisait cuire les aliments et chaque matin nos tentes raidies par le givre et les glaçons ; pour tout intermède, de la pluie. »

À l'est du pays, l'avancée est encore plus meurtrière. Finie la plaine, voici les Aurès, la montagne et la forêt. Fini le bord de mer, voici les paysages désolés de l'intérieur. Finies les guérillas, les prises faciles, les ksars qui se rendent, c'est la guerre à outrance, avec son contingent de morts, ses villages détruits et ses champs incendiés. « Tout était pillé, rien n'était respecté, Quelle scène, frère, quel carnage… Les échappés brûlés à moitié, blessés, défigurés… On marchait jusqu'aux genoux dans les cadavres », raconte le général Saint-Arnaud à propos de la première prise de Constantine. De fait, il faudra s'y reprendre à deux fois pour entrer dans cette forteresse où de violents combats coûtent, en 1837, la vie aux généraux Damrémont et Perregaux. Sur la côte, Bône résiste à trois reprises avant d'être occupée et pillée. Saint-Arnaud écrit : « Le bassin de la Nissa dont nous ne sommes éloignés que de quinze lieues est magnifique. Les beaux orangers que mon vandalisme va abattre ! » Dans ce carnage, le général Changarnier, chef d'état-major, s'extasie sur la beauté du site : « L'année prochaine, dit-il, je ferai venir de France cinq mille à six mille paysans pour le cultiver. » Or, justement cette année-là, ce seront la sécheresse, le choléra et les sauterelles qui s'abattront sur la région, remettant à plus tard colonisation et voyages.

« Nous rentrions de Tlemcen. L'expédition avait été heureuse ; nous ramenions bœufs, moutons, chameaux, des prisonniers et des otages. Après trente-sept jours de campagne ou plutôt de chasse incessante, nos chevaux étaient maigres, efflanqués, mais ils avaient encore l'œil vif et plein de feu ; pas un n'était écorché sous la selle. Nos hommes bronzés par le soleil, les cheveux longs, les buffleteries sales, les vestes râpées, montraient cet air d'insouciance au danger et à la misère qui caractérise le vrai soldat. »

Prosper Mérimée

LE REPOS DU GUERRIER

En attendant, le génie continue son travail et l'intendance suit. En 1838, on crée le port de Philippeville, sur l'emplacement de l'antique Rusicade, et l'on installe trois nouveaux commandements militaires à La Calle, Guelma et l'Edough. Le reste de la province reste cependant incontrôlable : Sétif, Djidjelli et Djemila ne tomberont qu'à l'extrême fin de la décennie, Jemmapes et Guelma, villes nouvelles, ne verront le jour qu'en 1848, la Kabylie ne sera pacifiée… que trente ans plus tard.

À l'ouest du pays, l'Oranie d'Abd el-Kader fait, plus qu'ailleurs encore, de la résistance. Après Oran prise le 17 août 1831, l'armée n'a pu occuper que les ports de Mers el-Kébir et d'Arzew, les villes de Mostaganem, de Mascara ainsi que quelques villages comme Misserghin, Le Tlélat ou Le Figuier, dans la plaine du Sig. La convention de la Tafna, signée en 1837 avec l'émir lui a abandonné Tlemcen, Rachgoun, Saïda et Tagdempt, dont il a fait sa capitale. Il faudra dix ans pour les lui reprendre, n'en déplaise à Bugeaud, qui prône l'optimisme : « Empressons-nous, dit-il, de fonder ici quelque chose de vital, de fécond. Nous édifierons des villages et quand nous pourrons dire à nos compatriotes, à nos voisins : nous offrons dans des lieux salubres des établissements tout bâtis, entourés de champs fertiles et protégés de manière efficace, soyez sûrs qu'il se présentera des colons pour les peupler. » En attendant, on crée Orléansville, Tiaret et Boghar ainsi qu'une route Oran-Alger qui, le long de la vallée du Chélif, concrétise l'occupation française.

La gloire d'Oran, ville de plaisirs, ville de loisirs, date de ces années-là. Les premiers militaires à s'y installer forgent sa réputation. « On s'amusait fort à Oran », constate le général de Barail. « Oran est très embellie, écrit le duc d'Orléans, on construit partout ; les maçons ne suffisent pas ; la population qui était, il y a quatre ans, de cinq mille âmes, est aujourd'hui de douze mille, et la ville est assez riche pour se bâtir des hôtels de ville et des salles de spectacle. » Il est vrai que la rue de Gènes et la rue de la Mosquée sont déjà bordées de boutiques, de cafés maures, de petits immeubles bas agrémentés de balcons en bois, propices aux sérénades auxquelles se livrent, à la

Que reste-t-il à dire en faveur de la colonie… ? Un pays comme la France ne peut pas hésiter quatre ans devant sa propre résolution, sans déconsidération pour lui et pour son avenir. […] il faut lui dire : Voulez-vous conserver Alger au prix de trente millions et de trente mille hommes par année ? […] Si, ainsi que je l'espère, vous voulez conserver Alger […] déterminez dès aujourd'hui la forme, la mesure, les conditions de cette colonie […] Vous mettrez fin ainsi à cet agiotage scandaleux des terres de la Régence.

Alphonse de Lamartine

mode espagnole, les militaires du Castel Viejo transformé en caserne.

Début 1840, hors l'armée, onze mille neuf cents Européens occupent déjà l'Algérie dont cinq mille Français, des aventuriers, des spéculateurs, des déserteurs, des cabaretiers et des prostituées surtout. Les colons ? Ils sont à peine deux mille cinq cents : ceux que l'on a appelés les « colons en gants jaunes », légitimistes qui, après avoir refusé la Monarchie de Juillet, ont investi dans les meilleures terres et les autres, pauvres bougres qui rentreront pour la plupart en France,

Musée de la Marine

aussi pauvres qu'ils l'avaient quitté. Entre-temps, ceux-là auront connu les marécages où l'on s'embourbe, les ronces impénétrables, l'hostilité des terres, les pillages incessants, les agressions nocturnes, les constructions promises jamais obtenues, les concessions qui n'en étaient pas, déjà occupées ou vendues en multipropriété, la sécheresse, le froid et les sauterelles « qui mangent tout jusqu'au plafond » ; la malaria, la dysenterie et le paludisme enfin, qui en 1837 en feront périr plus d'un tiers. Dix ans de sacrifices et d'efforts, dix ans de souffrances pour un retour prématuré, déjà « une main devant et une main derrière ».

Il faudra attendre les années 1843-1844 pour voir revenir en Algérie de nouveaux candidats à la colonisation, après l'effort de promotion engagé par le gouvernement Guizot. Quant aux voyageurs, hormis quelques journalistes qui mettent alors plus de six jours pour arriver à Alger via Marseille, il n'en est pas encore question. La première ligne de navigation à usage privé ne sera mise en service qu'en 1842.

Lorsque Bougie, l'ancienne Saldae des Romains, tombe aux mains des Français en octobre 1833, elle ne compte plus que deux mille habitants après avoir connu une longue période de prospérité où elle fut le marché incontournable des échanges avec le Sahara. De ce passé remis en question par trois siècles de piraterie, elle n'offrait plus à l'occupant français qu'une baie admirable. « Tout ce que j'ai sous les yeux et autour de moi est si grand, si beau que je voudrais te faire partager ma jouissance », écrit en 1837 le maréchal de Saint-Arnaud à son frère.

Depuis sa création en 1838, le port de Philippeville, construit par les Français sur l'emplacement de l'ancienne Rusicade phénicienne, sert de débouché à la région de Constantine. La ville a poussé comme un champignon, huit cents émigrants l'ont occupée la première année. En 1850, elle compte six mille sept cents habitants, venus essentiellement du Haut-Rhin, du Bas-Rhin et du Massif Central. « Hélas, madame, Philippeville est une ville moderne », écrit Alexandre Dumas.

CHAPITRE III

Les premiers voyageurs

Ci-dessus. « **Depuis le jour de sa chute aux mains des Français, Alger est bien changée. Toute la partie basse de la ville, à part la Mosquée qui a tenu bon, est française », note Alexandre Dumas en 1846. Djama El Kebir, la Grande Mosquée d'Alger, consacrée au rite malékite, avait été érigée au XIe siècle sur l'emplacement d'une ancienne basilique chrétienne. Au départ, parfait rectangle clos, elle n'avait qu'une ouverture. Son portique sur la rue de la Marine sera percé par les Français.**

1839 : le ministère de la Guerre a officialisé ce que l'on appelait les Territoires du nord de l'Afrique. Ils porteront désormais le nom d'Algérie. La conquête est pourtant loin d'être achevée. Abd el-Kader court encore, Sidi-Brahim est un désastre, Miliana, Tlemcen, Bougie, Laghouat, Bou Saâda sont encore rebelles. Mascara, Blida, Djidjelli ne sont « ni réparées ni rebâties », note Saint-Arnaud qui ajoute : « J'ai vu des masses d'hommes jeter leurs armes, leurs sacs, se coucher et attendre la mort. À force d'exhortations, ils se levaient, marchaient cent pas, et, accablés de chaleur, de fatigue, affaiblis par la dysenterie et la fièvre, ils retombaient encore. »

La guerre n'en finit pas.

Plusieurs routes pourtant quadrillent déjà le pays et en permettent l'accès : Alger-Oran, Alger-Blida, et surtout une transversale qui, de Marnia, rejoint La Calle via Bougie et Sétif. La région d'Alger avec la Mitidja, l'Oranie jusqu'à Mostaganem et le Constantinois, Bône inclus, sont déjà pacifiés et colonisés, ce qui permet à Victor Hugo d'écrire : « C'est la civilisation qui marche sur la Barbarie. C'est un peuple éclairé qui va trouver un peuple dans la nuit. Notre mission s'accomplit, je ne chante qu'hosanna. »

Outre l'armée et les colons français, des recrues étrangères sont venues donner au pays un aspect baroque et cosmopolite. Les Espagnols se sont installés à Alger, autour de La Bassetta et à Oran dans le quartier de la Blanca ; les Mahonnais[1] ont choisi Constantine et l'est du Pays ; les Siciliens, les Napolitains, les Pié-

Ci-dessous. **Dix ans après les débuts de la Conquête, trente mille Européens civils se sont déjà installés à Alger. La ville a débordé les anciens remparts turcs et s'étend désormais jusqu'à Mustapha. « Rien n'est étrange comme cette superposition de terrasses couleur de craie », écrit Théophile Gautier. « Quelle ville, mon cher ami ! Les Arabes l'appelaient El-Bahadja, la blanche, et comme elle est bien nommée ! » note Eugène Fromentin. « Quelle respiration de sérénité dans ce ciel ! » s'exclame Edmond de Goncourt.**

Musée de la Marine

« Il y a deux villes dans Alger : la ville française, ou, pour mieux dire, européenne, qui occupe les bas quartiers et se prolonge aujourd'hui sans interruption jusqu'au faubourg de l'Agha ; la ville arabe [...] se presse, comme autrefois, autour de la Kasbah où les zouaves ont remplacé les janissaires. La France a pris de la vieille enceinte tout ce qui lui convenait, tout ce qui touchait à la marine ou commandait les portes, tout ce qui était à peu près horizontal, facile à dégager, d'un aspect commode ; elle a pris la Djenina, qu'elle a rasée, et l'ancien palais des pachas, dont elle a fait la maison de ses gouverneurs ; elle a détruit les bagnes, réparé les forts, transformé le môle, agrandi le port ; elle a créé une petite rue de Rivoli avec les rues Bab-Azoun et Bab-el-Oued, et l'a peuplée, comme elle a pu, de contrefaçons parisiennes [...] »

Eugène Fromentin

montais ont peuplé La Calle et Bougie ; des Prussiens fuyant le Palatinat ont échoué à Dublineau en Oranie et à Penthièvre près de Bône ; des Suisses et des Allemands sont venus à Dely-Brahim et à Kouba ; des soldats-laboureurs ont colonisé Sidi Bel Abbès, Teniet El-Hadj et Médéa. Partout, il y a deux hommes pour une femme et partout l'absinthe fait des ravages. En 1843, on a inauguré à Bab-el-Oued la guillotine. En 1848, le peuplement officiel de l'Algérie, œuvre de Bugeaud, a démarré avec la création de quarante-deux « colonies agricoles » dont Saint-Cloud, Saint Leu, et Sainte-Barbe-du-Tlelat en Oranie ; Castiglione, El-Affroun et Marengo dans l'Algérois ; Jemmapes, Mondovi et Guelma dans la province de Constantine. Tous ces villages mi-garnisons, mi-exploitations agricoles sont construits sur le même modèle, un rectangle ou un triangle pour périmètre, des rues à angles droits et des bâtiments fonctionnels, une église, un hôpital, des casernes, des entrepôts.

C'est cette Algérie-là, soldatesque et uniforme, qui va pourtant attirer dès le début des années 40 les premiers voyageurs, Alexis de Tocqueville, Louis Veuillot, Théophile Gautier, Eugène Fromentin, Edmond et Jules de Goncourt, Alexandre Dumas. La plupart d'entre eux sont, en réalité, chargés d'une mission officielle : faire la « promo » de l'Algérie que boudent les candidats à l'émigration. C'est ainsi qu'Alexis de Tocqueville, petit-fils de Malesherbes, arrive en 1841 avec le titre de rapporteur d'une Commission sur l'Afrique. Il visite surtout Alger et ses environs, qu'il compare tout à la fois à l'Italie et à l'Amérique. « C'est Cincinnati transporté sur le sol d'Afrique... Pays délicieux, la Sicile avec l'industrie de la France », écrit-il. Louis Veuillot est chargé d'accompagner Bugeaud à une époque où les résultats de la conquête semblent douteux et où se pose la question : que faire de l'Algérie, colonie ou simple prolongement de la France ? Alger l'enthousiasme : « Une chaîne de collines vertes et florissantes, semées d'élégantes maisons de campagne... De belles rues s'ouvrent, des places se forment... Les cafés regorgent d'officiers et de bourgeois. » La plaine alentour, ses marécages transformés en vergers, ses villes nouvelles Souk-Ahras et Aumale, ses églises et ses hospices tenus par des sœurs de charité, en revanche, le déçoivent. « La Mitidja est déserte, écrit-il. Nos fautes plus que la guerre en ont chassé les tribus qui l'habitaient jadis... ce pays, qui nourrissait péniblement douze mille Turcs, ne saurait aujourd'hui nourrir de la même façon six mille français, ni même trois mille. » Victor Hugo tempère : « Nous ne sommes pas venus en Afrique pour en rapporter l'Afrique, mais pour y apporter l'Europe. »

LA MITIDJA ? UNE NORMANDIE !

Théophile Gautier[3], qui débarque en 1845, est commandité à la fois par l'éditeur Hetzel et le journal *La Presse*. Son rôle officiel : accompagner lui aussi Bugeaud dans une opération contre deux des lieutenants d'Abd el-Kader, Ben-Kassem et Ben-Salem. En réalité, on attend de l'écrivain, très populaire à Paris, un enthousiasme et une exaltation communicatifs.

« Alger, écrit Théophile Gautier, a une physionomie fort spéciale et ne ressemble pas du tout à Orléans quoi qu'en disent les faiseurs de paradoxe. L'habit noir à côté du burnous, le cachemire à côté du haïk, la blonde fille de France heurtant du coude la négresse du Dongolah ou du Barfour; ces Biskris et ces Mozabites, portant votre carton à chapeau, ne constituent-ils pas une réalité des plus fantasques? Les rues de la haute ville, du côté de la Casbah et de Sidi-Mohammed-Scherif, pour ne pas rappeler l'Orient du Jardin turc, ne sentent-elles pas leur Afrique à plein nez? Consciencieusement, peut-on se croire rue de la Paix ou rue Saint-Denis dans ces étroits couloirs, ombragés par les maisons qui surplombent et se touchent par le haut? »

Lors de ce premier voyage, Théophile Gautier visite Boufarik, « un ancien marais dont nos laboureurs, rivalisant de courage avec nos soldats, ont fait une Normandie », Blida, « J'y ai passé quelques jours délicieux dans ce kief oriental qui est, au farniente italien, ce que l'extase est à l'ivresse et l'outremer au bleu de Prusse; à moins d'être mort, on se saurait être plus heureux », Oran l'espagnole et Mers el-Kébir l'italienne, qu'on est en train de relier par une toute nouvelle route taillée dans le roc, et Mostaganem, qui compte déjà six mille habitants. Entre deux faits de guerre, il parcourt les Aurès encore rebelles qui l'enchantent moins que les égards qu'on lui accorde.

« Mes très chers parents, écrit-il le 24 juillet à bord du *Tartare* en rade de Dellys, le maréchal Bugeaud m'emmène avec lui dans la Kabylie faire une promenade militaire; j'ai deux chevaux, un mulet, une tente, deux chasseurs pour me servir; je mange à la table du maréchal... C'est royal; je verrai ainsi des choses que personne n'a vues. » De fait, Théophile Gautier visite Bône qui compte déjà douze mille habitants et la ville nouvelle de Philippeville. À Constantine, « où les cigognes laissent tomber des serpents sur les toits », il assiste à une représentation de la danse des Djinns et en revient, écrit Sainte-Beuve, « vêtu en arabe, coiffé du fez, chargé du burnous et sur l'impériale de la diligence, tenant entre ses jambes une jeune lionne. Il fait lui-même une rentrée de lion : hâlé, fauve, avec des yeux étincelants ». Si l'opération de relations publiques porte ses fruits, le service après-vente tourne au désastre. Hetzel en sera pour ses frais, Théophile Gautier n'écrira jamais le roman « orientaliste » qu'on lui avait commandé.

Eugène Fromentin[4] a vingt-six ans lorsqu'il débarque à Alger pour la première fois, en 1846. « Quelle ville, mon cher ami! Les Arabes l'appelaient El-Bahadja, la blanche, et comme elle est bien nommée! » C'est le peintre qui parle, venu découvrir l'Afrique sur les traces de Delacroix. Fromentin visite Blida, « la ville par excellence des roses, des parfums et des femmes. Il y avait là des jardins constamment verts, des rues tapissées de feuillage et plus nombreuses que des allées de bois, de grands cafés pleins de musique », et Aïn-Madhi qui lui rappelle... Avignon : « je ne saurais expliquer pourquoi, car une ville arabe est ce qu'il y a de moins comparable à une ville française; mais c'est une sorte d'analogie morale, une physionomie également taciturne [...]; quelque chose de religieux, d'austère; je ne sais quel même aspect féodal qui participe à la fois de la forteresse et de l'abbaye. » Au fur et à mesure de l'avancée de l'armée française, ses voyages dans le Sud se font plus lointains. Il bivouaque dans la vallée du Chélif, « un pays tout de terre et

« *Journée entière d'investigation dans la haute ville. [...] Quatre cent quatre-vingt-dix-sept degrés d'un mètre d'élévation graduent la rue de la Casbah. Des maisons blanchies de chaux vive s'étayant par des poutres jetées en travers de la rue font ressauter leur premier étage d'une forêt d'arcs-boutants et soudant leur terrasse l'une à l'autre ne laissent glisser que quelques rares infiltrations de soleil [...] Quelques gracieuses fontaines encadrées dans de légères colonnettes à fond de mosaïque [...] Délicieux groupes de bambins [...] Revue générale de toutes les beautés encore inexplorées : Fatma, Aïcha, Minah, Zora, Ertucha. Toujours des yeux de la plus belle eau [...] Toutes ont les ongles noircis par le hennah, rougis par le sarcoum [...] l'aspect général est si gracieux; si magnifique, si réjouissant [...]* »

Edmond de Goncourt

Oran, 1839. « La ville s'anime, le progrès est manifeste, de l'eau en abondance [...] Avec le temps, lorsque la France étendra sa domination en Afrique, ce sera par une ligne dont le pivot sera toujours à Oran », avait noté le duc d'Orléans. Détruite en 1792 par un tremblement de terre qui l'avait vidée des deux tiers de ses habitants, Oran est redevenue une grande ville, dont la population est à majorité espagnole.

Musée de la Marine

« Quel doux pays que celui qui permet avec régularité des loisirs pareils ! Pas un nuage et pas un souffle, c'est-à-dire que la paix est dans le ciel. [...] De six heures du matin à six heures du soir, le soleil traverse imperturbablement une étendue sans tache, dont la vraie valeur est l'azur. Il descend dans un ciel clair et disparaît, ne laissant après lui, pour indiquer la porte au couchant, qu'un point vermeil pareil à une feuille de rose. »

Eugène Fromentin

de pierres vives, battu par des vents arides et brûlé jusqu'aux entrailles, [...] sans une herbe, sans un chardon [...] avec quelquefois un bloc informe, comme un aérolithe tombé là [...] Mais exactement couleur peau de lion », visite Boghar, « une citadelle française », et Boghari, « un petit village entièrement arabe, sorte d'avant-garde aventurée sur le sommet d'une haute montagne ». Il est un des premiers à entrer dans Biskra, où il est reçu dans la smala de Ben Gana, seigneur de haute tente, un des seuls civils à séjourner dans Laghouat quelques mois après le terrible siège qui a ruiné l'oasis. Il écrit : « Il y a encore autour de la ville de hauts murs. Les habitants, qui avaient tous fui, commencent à peine à revenir. La terre rend encore des cadavres de soldats. Les chiens sont devenus sauvages. Il en sort de partout. Ce n'est pas ici qu'on écrira des Bucoliques. » Eugène Fromentin reviendra pourtant trois fois en Algérie et consacrera au pays plusieurs tableaux et deux ouvrages : *Un été dans le Sahara* et *Une saison dans le Sahel.*

L'extrême Sud, très peu pour les Goncourt[5], la région n'est pas encore assez sûre à leurs yeux. Edmond et Jules n'iront pas non plus à Oran, où le choléra fait, l'année de leur séjour, mille cinq cents morts en deux mois. Envoyés par le journal *L'Éclair,* ils se bornent à passer quelques jours très mondains dans la capitale sans pousser plus loin la curiosité. Mais Alger en pleine rénovation suffit à les combler. C'est dans un véritable chantier qu'ils débarquent après cinquante-quatre heures de traversée, sur le tout nouveau vapeur qui assure désormais la traversée depuis Marseille : partout on éventre les rues pour les élargir, créer des places, des jardins et de nouveaux quartiers. La rue de Bab-el-Oued, reconstruite et achevée en 1840, a été bordée d'arcades, les petites maisons blanchies à la chaux, rehaussées d'un étage, sont parfois repeintes dans un jaune qui rappelle le comté de Nice. En 1846, on a démoli la porte Bab-Azoun et ses remparts, mais la rue Bab-Azoun débouche encore sur le marché « aux savons », le futur square Bresson, où grouille une population de bateleurs, de marchands ambulants et de forains. La rue des Consuls et la rue Philippe ont été alignées à l'européenne. Les « grands boulevards » portent les noms des fils glorieux de Louis-Philippe qui se sont illustrés en Algérie : Chartres, Nemours, Orléans. À l'emplacement du Badistan, l'ancien marché aux esclaves, la petite place Mahon accueille gargotes et cabarets. Place Royale ont lieu des banquets en plein air, des concerts sous chapiteaux. Alger, enfin, a déjà son petit théâtre, rue de l'Intendance. « Décidément, mon vieux, écrit Edmond à son ami Louis Passy, il n'y a que deux villes au monde, Paris et Alger. Paris pour tout le monde et Alger, la ville des artistes. »

> “ *Le 7 novembre à cinq heures, la Côte d'Afrique est sortie de la brume. À six, un triangle de neige s'est illuminé aux premiers feux du soleil. Envahissement du vapeur par une horde de portefaix algériens et mores qui s'excitent au transbordement des malles, à grands renforts de sons gutturaux. Hôtel de l'Europe, rue de la Marine. Parcours des rues Babazoun et Babel-Oued, rues animées par la bigarrure étrange, pittoresque, éblouissante d'une Babel du costume. L'Arabe drapé dans son burnous blanc; la Juive à la Sarma pyramidale; au pectoral d'orfèvrerie, la Moresque, fantôme blanc aux yeux étincelants; le nègre avec son madras jaune et sa fouta rayée; le More aux vestes galonnées, enfin les enfants israéliens, arabes, mores chamarrés de velours et de dorures. Puis le Mahonnais en chapeau pointu, à pompons noirs; le riche Turc au caftan étincelant de broderies; le zouave; des marins débraillés venus des quatre coins du monde; et comme repoussoir à ce dévergondage oriental de couleurs les plus heurtées et les plus éclatantes, la triste uniformité de nos habits noirs.* ”
>
> Edmond de Goncourt

ALGER ? LA VILLE DES ARTISTES

Le voyage d'Alexandre Dumas[6], lui, tourne à l'affaire. Après avoir longuement intrigué auprès du duc de Montpensier, le romancier à succès obtient le 29 septembre 1846 une forte somme d'argent et une « mission littéraire en Algérie » dont

« El-Kantara – le pont – garde pour ainsi dire l'unique porte par où l'on puisse du Tell pénétrer dans le Sahara. Ce passage est une déchirure étroite de trois ou quatre cents pieds d'élévation. Le pont franchi [...] vous êtes dans le Sahara », explique en 1856 Eugène Fromentin, de passage à Constantine. Le vieux pont romain construit sous Antonin s'effondrera l'année suivante. « Salah-bey me conduit jusqu'aux bords du Rummel, près des débris du pont El-Kantara », ne peut que constater à son passage Gustave Flaubert.

“Comme Alhama, comme Ronda en Espagne, Constantine est bâtie en aire d'aigle au sommet d'un rocher énorme qu'un précipice, au fond duquel se tord le Rummel, isole presque complètement, et qui ne se rattache à la terre que par un pont et une espèce d'isthme formant le seul point accessible. La ville d'Achmet-bey, bien qu'au pouvoir des Français, n'a rien perdu de son aspect arabe. Elle a conservé ses ruelles étroites embrouillées en écheveaux inextricables, ses minarets penchés, ses maisons aveugles, aux portes basses, toute sa physionomie orientale [...]
Nous suivions des ruelles si étroites, que deux ânes chargés n'eussent pu y passer de front. Les maisons, à étages surplombants comme des escaliers renversés, se touchaient souvent par le haut, interceptant la faible lueur du ciel nocturne ; certains passages étaient voûtés et comme souterrains, et nos ombres, projetées par la clarté tremblante de la lanterne, vacillaient sur des pans de mur éraillés, sur de vieilles portes cadenassées en portes de prison, comme dans ces bizarres et fantastiques eaux-fortes de Rembrandt où la réalité prend les formes du cauchemar.”

Théophile Gautier

« Des Arabes m'ont assuré avoir vu des femmes courir après le lion, emportant quelque brebis ou quelque génisse ou même des enfants, le saisir par la queue, et frapper dessus à coups de bâton. Si par hasard le lion se retourne et menace, la femme n'a qu'à s'arrêter à son tour et lever sa robe. Le lion ne résiste pas et fuit comme le diable de papefiguiers. »

Alexandre Dumas

En 1850, la Casbah de Bône subit un certain nombre de travaux pour recevoir ses nouveaux hôtes : les transportés qui, après les émeutes parisiennes de juin 1848, viennent subir leurs peines en Algérie. « Les transportés seront casernés dans un bâtiment occupé, il y a quelques jours encore, par la garnison. L'alimentation est la même que celle du soldat. », précise le journal *L'Illustration* en date du 23 mars. C'est cependant aux cris de « Vive la République démocratique et sociale, quand même et partout ! » que débarquent ces hommes en exil qu'entourent les bataillons d'un régiment de ligne.

le but avoué est que « Monsieur Dumas écrive deux ou trois volumes sur ce magnifique pays. Sur trois millions de lecteurs, peut-être donnera-t-il à cinquante ou soixante mille le goût de l'Algérie ». Autrement dit, on cherche des volontaires depuis que la colonisation régresse : les premiers arrivants ont rebroussé chemin, échaudés par le climat et les conditions drastiques d'accession à la propriété. C'est Guizot en personne qui signe le laissez-passer de Dumas auquel on envoie une corvette, *Le Véloce*, pour faire la traversée.

Accompagné de son fils, du peintre Louis Boulanger et d'un domestique noir surnommé Eau-de-Benjoin qui parle cinq langues dont l'arabe et qui, selon Dumas, a « le vin charmant et le rhum adorable », le romancier débarque le 29 novembre 1846 à Alger où, il s'en plaint, le général Bugeaud retenu à Oran n'est pas là pour l'accueillir, mais lui a réservé une charmante attention : une représentation de *Kean*, l'une de ses pièces les plus célèbres. Le lendemain, le journal *L'Akhbar* relate les premiers faits et gestes de l'écrivain. « L'illustre romancier et ses amis, lit-on, sont descendus au Grand Hôtel de Paris, rue Bab-el-Oued, où ils ont retrouvé avec surprise tout le confort de la capitale. » Dumas, de son côté, note que « les constructions françaises gâtent fort l'aspect oriental de la ville » et s'empresse de la quitter en s'appropriant *Le Véloce* pour une croisière privée. Il longe alors la côte pendant quatre jours en direction de la Tunisie, revient sur Bône où il essuie une tempête, passe par Philippeville qui « n'est ni un village, ni un bourg, ni une ville. C'est une longue rue qui monte pendant cinq cents pas et qui redescend pendant cinq cents autres », visite rapidement El-Arrouch, Bougie, Hippone et Constantine où il achète un vautour qu'il baptise « Jugurtha ». « Ah, ah, c'est vous le preneur de vaisseau, peste, ne vous gênez pas », lui

dit Bugeaud à son retour à Alger. « Monsieur le maréchal, répond Dumas, j'ai calculé avec le capitaine que j'avais coûté onze mille francs en charbon et en nourriture pour le gouvernement. Walter Scott dans son voyage en Italie a coûté dix-neuf mille francs, c'est cent dix-neuf mille francs que le gouvernement français me doit encore. » Les obtiendra-t-il ? Les dépensera-t-il ? Et comment ? De son séjour à Alger, Alexandre Dumas ne rapportera que des dettes – il omet de payer son hôtelier – et des souvenirs de maisons closes hantées par de très jeunes filles : « Bien peu de ces malheureuses étaient nées lors de la prise d'Alger : qui les a poussées à la prostitution ? La misère. »

Quatre ans plus tard, les impressions de ce voyage raté paraîtront sous le titre *Le Véloce, ou Tanger, Alger et Tunis.*

« Maintenant, grâce à la vapeur qui supprime les distances, les artistes ne se bornent plus à copier la butte Montmartre, et vont dessiner le profil du grand et du petit Atlas », constate Théophile Gautier lors d'un de ses voyages en Algérie. En réalité, hors la côte, l'intérieur du pays n'est pas encore équipé pour ce tourisme embryonnaire. Peu d'hôtels, on dort chez l'habitant ; quant aux cafés, ce sont encore, comme ici à Douera, des baraquements ou des paillotes. Mais partout, la population indigène joue le jeu de l'exotisme. Les fantasias arabes succèdent aux danses biskri.

Voici une des premières photographies prises à Alger. Elle date de 1857, une époque où la technique est encore balbutiante. Résultat : ce sont encore des dessins qui illustrent les reportages des grands journaux. Mais réalisés d'après clichés... Les mots ont encore la vedette. « Alger est comme un écheveau de fil où vingt chats de belle humeur se seraient aiguisé les griffes. Les côtes sont hérissées de falaises spongieuses, grenues et sèches comme la pierre ponce [...] C'est déjà l'Afrique ! » écrit Théophile Gautier. « Alger la Blanche, un étalage de blanchisseuse. Par là-dessus, un grand ciel de satin bleu, oh ! mais si bleu », précise Alphonse Daudet.

CHAPITRE IV

L'Algérie de Napoléon III

En 1860, lorsque Napoléon III accompagné, de l'impératrice Eugénie, se rend à Alger pour une première visite officielle, la ville est en plein aménagement. « On bâtissait l'Alger moderne. La fièvre de construction commençait à répandre dans les faubourgs tout un monde remuant et bariolé de travailleurs », raconte Louis Bertrand. De fait, on édifie les voûtes du port, on ébauche les rues d'Isly et de Constantine, on nettoie les plages, on élève des immeubles copiés sur ceux de la rue de Rivoli à Paris. « Hélas, maudites arcades ! » s'écrie Théophile Gautier. Petite photo : l'empereur et l'impératrice Eugénie photographiés à Alger. Ils sont en deuil. L'impératrice vient d'apprendre la mort de la duchesse d'Albe. Le couple impérial écourtera son séjour en Algérie pour assister aux funérailles.

Lorsque Napoléon III, accompagné de l'impératrice Eugénie, arrive le 17 septembre 1860 en Algérie pour un premier et bref séjour, le pays est quasi soumis d'est en ouest et du nord au sud. Au-delà des hauts plateaux et des Chotts, on a pris Laghouat, Touggourt et Ouargla, que visitent presque aussitôt Eugène Fromentin, un habitué du pays, et le magicien Robert Houdin, engagé par le gouvernement pour impressionner par ses tours de magie les indigènes. La Grande Kabylie et le M'Zab, derniers bastions rebelles se sont rendus, mais les ultimes combats, « affreux carnages » décrits par le général Trumelet, ont inquiété les touristes qui ont déserté jusqu'à Biskra, où l'hivernage battait pourtant son plein. L'Algérie, par ailleurs, n'a pas bonne presse depuis que les répressions qui ont suivi le coup d'État en ont fait une terre de relégation : les bagnes de Douéra, de Bône et de Lambèse ont remplacé pour quelque cinq mille cinq cents transportés ceux de Cayenne. Certes, l'amnistie de 1859 a permis à la plupart d'entre eux de rentrer en France. Mais le mal est fait : l'image de l'Algérie en a pris un coup.

« Les hirondelles d'hiver tardent à reparaître : en langue vulgaire, les étrangers n'ont pas encore montré beaucoup d'empressement pour venir occuper les appartements ou les maisons de campagne que leur prépare chaque année l'hospitalité algérienne. Quelle cause peut les arrêter ? Craignent-ils par hasard de faire connaissance avec les révoltes du Sud ? Ont-ils peur de voir nos jardins envahis par les lions... ? Terreurs bien plus répandues qu'on ne pense et que beaucoup de Français ignorants propagent de la meilleur foi du monde », écrit l'éditorialiste de *L'Akhbar*, le journal d'Alger, dans l'édition du dimanche 6 novembre 1864.

Le pays est pourtant en pleine expansion grâce aux grosses sociétés capitalistes liées aux banques auxquelles l'empereur et le tout nouveau ministère de l'Algérie et des Colonies ont donné leur préférence. On ne compte plus les prospections minières, fer, plomb, zinc, les tentatives ratées de cultiver le coton, celles réussies

« *[...] la place du Gouvernement fourmillait de monde. C'est le point de réunion de toute la ville, c'est là que se donnent tous les rendez-vous ; on est toujours sûr d'y trouver la personne qu'on cherche ; c'est comme un foyer des Italiens ou de l'Opéra en plein air. Tout Alger passe forcément par là trois ou quatre fois par jour. Pour les Français, c'est Tortoni, le boulevard des Italiens, l'allée des Tuileries ; pour les Marseillais la Canebière ; pour les Espagnols la Puerta del Sol et le Prado ; pour les Italiens le Corso ; pour les indigènes le fondouck et le caravansérail. Il y a là des gens de tous les États et de tous les pays, militaires, colons, marins, négociants, aventuriers, hommes à projets de France, d'Espagne, des îles Baléares, de Malte, d'Italie, de Grèce, d'Allemagne, d'Angleterre ; des Arabes, des Kabyles, des Mores, des Turcs, des Biskris, des Juifs ; un mélange incroyable d'uniformes, d'habits, de burnous, de cabans, de manteaux et de capes. Un tohu-bohu ! Un capharnaüm !* »

Théophile Gautier

« *Certes, je conviens qu'il y avait autre chose à écrire sur la France algérienne que les* Aventures de Tartarin *; par exemple, une étude de mœurs cruelle et vraie […] Le conquérant conquis à son tour par le climat, par les mœurs molles, l'incurie, la pourriture d'Orient, matraquage et chapardage […] Que de révélations à faire sur la misère de ces mœurs d'avant-garde, l'histoire d'un colon, la fondation d'une ville au milieu des rivalités […]* »

Alphonse Daudet

C'est en grande tenue d'officier que l'empereur commence le 3 mai 1965 une seconde visite officielle en Algérie. L'impératrice cette fois n'est pas du voyage, elle assure la Régence à Paris où, fort à propos, Meyerbeer présente son nouvel opéra, *L'Africaine*. **À Alger, l'empereur visite la cathédrale, le jardin d'Essai, la Pêcherie, la place du Gouvernement. « Une foule innombrable se presse partout sur le passage de Sa Majesté », rapporte le journal** *L'Illustration.* **Ci-contre : Napoléon III à cheval : la séance photo a eu lieu à Alger, dans la cour du palais du Gouvernement. Un dessinateur a ensuite été chargé, comme il était alors d'usage, d'agrémenter le cliché d'un décor « couleur locale ».**

de faire pousser le tabac et la vigne, de transformer l'alfa en crin végétal, les constructions de routes, les programmes d'aménagement des ports, les créations de nouveaux villages, dont l'initiative est cette fois privée : L'Arba, Rovigo, Affreville dans l'Algérois ; Arcole, Valmy, Bou-Sfer, Aïn Temouchent en Oranie ; Lamblèche, El-Hadjar, Le Kroubs dans la région de Constantine. Partout un réseau de voies ferrées est déjà à l'étude. Trois compagnies maritimes assurent, quant à elles, des rotations régulières entre Marseille, Alger, Oran et Philippeville.

Sur le terrain, on défriche encore, mais avec envergure cette fois. Gustave Flaubert[1], qui en 1858 découvre le pays, manifeste pourtant sa déception devant ce chantier prometteur : « Cela est d'une pauvreté et d'une malédiction supérieurs, ça sent le paria… Quel voyage, quelle société ! »

En réalité, Gustave Flaubert est contrarié d'avance. En route vers Carthage où il veut rassembler des impressions pour son prochain roman, *Salammbô,* son escale en Algérie est une nécessité, la Tunisie n'étant pas encore desservie au départ de Marseille. C'est donc à Stora qu'il débarque et de là qu'il continue sa route, en diligence, parfois à cheval et même à dos de chameau. À Philippeville, grandes esplanades fleuries, avenues bordées d'arcades, il note dans son journal de voyage : « Rocher… et à droite, deux casernes » ; à Souk-Ahras : « ville neuve, atroce, froide, boueuse » ; à la Hamma : « petit village nouveau, je m'empiffre et je résiste au sommeil » ; à Guelma : « nuit atroce de puces ». À Bône qui jouit, désormais, d'une large promenade menant au port en construction, il ne voit qu'un « désert, bête et lamentable ». À Constantine, « la ville-phénomène » où il croise des « mangeurs de haschisch et des chasseurs de porcs-épics », la visite lui paraît gâchée par une « interminable ascension ». Le Rummel lui rappelle… Gavarnie, et la ville,

Dans la Casbah d'Alger, Napoléon III, qui promet une politique « arabe », est acclamé par la population indigène. La vieille citadelle, dédale inchangé de venelles étroites, est désormais tronquée de sa partie basse. « Des démolitions successives, puis un incendie ont nettoyé le terrain », explique Théophile Gautier. Sur cet emplacement, on a commencé à construire une longue terrasse surélevée, appelée boulevard de l'Impératrice. Après la chute de l'Empire, elle sera rebaptisée boulevard de la République.

Ce sont les représentants de la toute nouvelle Chambre de commerce qui ont invité Napoléon III à Oran. Le pays, en plein essor, n'en finit pas d'attirer les investisseurs. « Un simple sous-lieutenant ruiné de fond en comble par le jeu, par le luxe et toutes les mauvaises habitudes, lorsqu'il a la chance d'être attaché à quelque bureau arabe, s'achète des immeubles, monte des chevaux magnifiques, marche sur des peaux de lion ; enfin mène une vie de pacha », constate Erckmann-Chatrian.

« Un marché arabe ressemble à nos foires de villages […] Boutiques, acheteurs, marchands, gens à pied et à cheval, bêtes de service et bêtes d'achat, tout se trouve aggloméré sans beaucoup d'ordre, ni de prudence. Les grands dromadaires se promènent librement et se font faire place, comme des géants dans une assemblée de petits hommes ; le bétail se répand partout où il peut ; l'âne au piquet fraternise avec l'âne mis en vente, et dans ce pêle-mêle où les intéressés seuls savent se reconnaître, il est assez malaisé de reconnaître les gens qui vendent de ceux qui achètent. Les affaires se traitent à demi-voix avec la ruse du campagnard et les cachotteries du trafiquant arabe ; on fume des pipes afin d'en délibérer ; on boit du café comme moyen amical de se mettre d'accord. Les payements se font à regret, l'agent s'écoule avec lenteur comme le sang d'une plaie ouverte […] »

Eugène Fromentin

Musée de la Marine

A S.M. NAPOLEON
LA CHAMBRE
DE COMMERCE

« une vraie ville au sens antique », lui évoque… Jugurtha. Parce que ses hôtes, M. de Bovie, « grand blond à barbiche », et l'abbé de la Fontan, « un Fénelon brun », insistent, Flaubert, surnommé par les Arabes Abou-Schnep, le père la moustache, poursuit sans enthousiasme jusqu'aux ruines d'Hippone, « mamelon vert entre deux montagnes […] inscriptions exaspérantes sur les murs », avant de reprendre la route pour Tunis. Ses seuls témoignages « off » sur ces neuf jours passés en Algérie, il les confie dans les lettres qu'il envoie à ses amis, le poète médecin Louis Bouilhet et l'écrivain Ernest Feydeau : « Je me couche tard et je me lève de grand matin. Je dors comme un caillou, je mange comme un ogre et je bois comme un éponge ». Pas de détails, pas de bla-bla, juste quelques notes critiques où il passe en revue, pêle-mêle, les officiers qui « n'y comprennent rien », les routes qui sont « assommantes d'ennui », les paysages « monotones », les montagnes qu'il compare à des « culs de four » et les ruines « toutes pareilles ». Comme lorsqu'il visitait Le Caire dix ans plus tôt, Flaubert regrette sa Normandie.

Alphonse Daudet[2] débarque à son tour en Algérie en décembre 1861, sur les conseils d'Edmond de Goncourt qui lui a vanté la beauté du pays. Pour lui, en revanche, c'est le coup de foudre. « Aux premiers pas qu'il fit dans Alger, Tartarin de Tarascon ouvrit de grands yeux. D'avance, il s'était figuré une ville orientale, féerique, mythologique, quelque chose tenant le milieu entre Constantinople et Zanzibar… Il tombait en plein Tarascon… Des cafés, des restaurants, de larges rues, des maisons à quatre étages, une petite place macadamisée où des musiciens de la ligne jouaient des polkas d'Offenbach, des messieurs sur des chaises buvant de la bière avec des échaudés, des dames, quelques lorettes, et puis des militaires. » Ernest Feydeau[3], qui vient le rejoindre, partage son enthou-

C'est par voie maritime que Napoléon III effectue ses déplacements en Algérie, et notamment à Mers el-Kébir. L'ancien grand port des Arabes, le Portus Divisus des Romains, formidablement défendu par une batterie de vieux forts, la Moune, le Saint-Grégoire, le Château-Neuf profitent de la présence impériale pour se livrer à une démonstration d'invincibilité à laquelle se prête la flotte cuirassée. L'affaire n'est pas anodine. Une question est à l'ordre du jour : qui d'Oran ou de Mers el-Kébir deviendra le grand port de l'ouest algérien ?

Gorges de la Chiffa. — Vue générale du Ruisseau des Singes.

La Pointe de Mers-el-Kébir.

VOYAGE DE L'EMPEREUR

Vue générale de Blidah. — Arrivée de Sa Majesté.

Musée de la Marine

siasme : « Ce cri arraché aux rêveurs devant certains sites : "On voudrait mourir ici", je l'ai poussé vingt fois à Mustapha, et réellement, quoi que j'aie l'idée que bien des choses finissent avec nous, à la mort, il ne me déplaît pas de savoir que je pourrirai sous un olivier, au bord de cette route ombreuse qui côtoie la Méditerranée. »

> *Couché chez les Bédouins : tente blanche, ouverte; la lune se lève en face, vent terrible. L'ombre des animaux du douar passe comme des ombres chinoises. J'attends très longtemps, politesses arabes, couscoussous en commun [...] Surprise du douar, femmes au bord des tentes, sans voiles. Je galopais, ma pelisse sur mes genoux, mon takieh sous mon manteau ; zagarit, coup de fusil, fantasia, le fils du Caïd en ceinture rouge, Souk-Aras ! Souk-Aras ! Tout cela s'est envolé dans le mouvement. J'ai ralenti devant les tentes, ils vont venir me baiser les mains, me prendre les pieds. De quelle nature était l'étrange frisson de joie qui m'a pris ? J'en ai rarement eu (jamais peut-être ?) une pareille [...]Souk-Aras. Ville neuve, atroce, froide, boueuse.*
>
> Gustave Flaubert

ALPHONSE DAUDET S'ENTHOUSIASME

Alger, il est vrai, a de quoi convaincre le nouvel arrivant. L'urbanisme haussmanien y a imposé sa loi selon un plan d'alignement voté en 1848. On a peu à peu grignoté la partie basse de la ville pour la relier au port par un boulevard long de deux kilomètres, orné de rampes et d'escaliers conçus par Frédéric Chasseriau. L'impératrice a posé la première pierre en 1860, il sera terminé en 1866. La place du Gouvernement est incontournable. Les cérémonies les plus diverses s'y déroulent, « réceptions solennelles, revues d'honneur, cortèges funèbres et processions, fêtes commémoratives, proclamation des changements de régime, banquets civiques et patriotiques », comme le rappelle Ernest Feydeau. Les anciens fossés qui entouraient la cité ont été comblés, ils sont devenus de larges boulevards bordés d'hôtels et de cafés, l'Hôtel d'Orient, le Café de la Perle, le Café Apollon... Partout, on a percé de nouvelles rues, la rue d'Isly, la rue de la Lyre, la rue de Constantine, on a conçu des rocades qui montent en spirale sur les hauteurs, la rampe Valée, les tournants Rovigo... De nouveaux quartiers ont vu le jour, le quartier du Ruisseau, le quartier Julienne, Belcourt... Dans toute la ville basse, des immeubles de quatre à six étages ont remplacé les anciennes maisons. En plein centre, on s'apprête à édifier l'hôtel de ville, le nouveau lycée, l'hôtel des Postes et du Trésor, la Banque d'Algérie ; une Bourse du commerce fonctionne déjà.

Du coup, devant les terrassiers et les maçons, les petites échoppes, celles des brodeurs, des teinturiers, des tisserands, des graveurs sur cuivre et sur cuir qui autrefois côtoyaient le bord de mer, ont été repoussées à l'arrière de la place du Gouvernement. Certains quartiers sont déjà très habités : les Espagnols ont envahi Bab-el-Oued, pourtant décimé par le typhus en 1850, les Italiens se sont installés dans le quartier de la Marine, les Juifs occupent la rue de la Lyre et la rue Randon, où les hommes sont encore vêtus de la lévite et coiffés d'une calotte en feutre, où les femmes portent des robes de brocard et les enfants des costumes de velours bleu phosphore ou jaune safran. Au port, le long des quais, des diligences sont à l'arrêt, en partance pour les faubourgs : Mustapha-Supérieur couvert de villas, de jardins et de vergers, El-Biar et ses palais consulaires, Saint-Eugène où l'on va inaugurer une nouvelle basilique dédiée à Notre-Dame d'Afrique, Maison-Carrée devenu le plus grand marché de la région, Fort-de-l'Eau où cinquante familles de pêcheurs mahonnais ont crée une colonie. « Comment faire comprendre à des gens qui rêvent de l'Alsace ou de la Normandie sous les palmiers que, plus ils moderniseront leur ville, plus elle sera banale et vulgaire ? » s'étonne Ernest Feydeau.

Si heureux soit-il à Alger, Alphonse Daudet ne se borne pas à séjourner sur la côte. Durant l'année qu'il passe en Algérie, il visite Blida, Orléansville, Tlemcen où, « sous les hangars, des nègres font leur kouskous, des colons débarquent une charrue modèle, des Maltais jouent aux cartes ». Il s'installe quelques semaines à Miliana, où l'implantation de l'eucalyptus fait merveille, explore les gorges de la Chiffa « avec des maisons en ruines, des champs sans culture, des sauterelles enragées qui mangent jusqu'aux rideaux des fenêtres » et parcourt plusieurs villages de la colonisation. « En admirant le luxe et l'ordre de ces choses, cette belle ferme, les écuries et les hangars groupés autour, je songeais qu'il y a vingt ans, quand ces braves gens étaient venus s'installer dans ce vallon du Sahel, ils n'avaient trouvé qu'une méchante baraque de cantonnier, une terre inculte, hérissée de palmiers nains et de lentisques. Tout à créer, tout à construire. À chaque instant, des révoltes d'Arabes. Il fallait laisser la charrue pour faire le coup de feu. Ensuite les maladies, les ophtalmies, les fièvres, les récoltes manquées, les tâtonnements de l'inexpérience, la lutte avec une administration bornée, toujours flottante. Que d'efforts, que de fatigues ! »

À peine Alphonse Daudet a-t-il quitté l'Algérie que Théophile Gautier y revient, à la demande cette fois du *Moniteur universel*, qui lui commande un reportage sur l'inauguration du chemin de fer qui doit relier Blida à Alger. Gautier s'en acquitte avec l'emphase qui convient aux formidables honoraires qu'on lui a accordés. « Le soleil du 15 août, écrit-il, se leva au bruit des salves d'artillerie qui annonçaient les solennités du jour. L'Algérie, pour célébrer dignement avec toute la France la fête de l'empereur, ajoutait au programme des réjouissances ordinaires l'inauguration de son premier chemin de fer. Cette première ligne de rails qui réunit Alger à Blida n'est point longue ; elle n'a que cinquante kilomètres ; mais c'est le commencement d'un réseau qui va bientôt s'étendre de tous côtés sur le territoire de notre belle colonie : déjà entre Philippeville et Constantine, entre Oran et Saint-Denis-du-Sig, on a terminé les études de deux autres voies et les travaux d'exécution seront prochainement entrepris. C'est un avenir voisin, plein de promesses, qui s'ouvre pour la France africaine. »

> « *L'indifférence des Européens résidant à Alger est aussi choquante que bizarre. Employés, colons, marchands se considèrent, la plupart, comme des condamnés à temps, exilés de l'autre côté de la Méditerranée jusqu'à ce qu'ils aient assuré leur avenir. Presque tous malgré la douceur du climat, la pureté du ciel, la beauté du paysage et la faculté de l'existence, n'ont dans l'esprit qu'une préoccupation, celle de retourner dans la mère patrie. Il s'ensuit qu'ils portent généralement assez peu d'intérêt à la cité dans laquelle ils n'entendent résider qu'en passant […]*
> *Quand je dis qu'ils portent peu d'intérêt à la cité, j'entends qu'ils se soucient peu qu'on l'enlaidisse. La colère des artistes devant l'ignoble transformation du bas quartier les surprend, et parfois même ils s'imaginent qu'on leur reproche de n'avoir pas abattu un assez grand nombre de maisons mauresques […]*
> *On emploie des soldats pour faire la guerre, des marmitons pour faire la soupe, des jardiniers pour cultiver les jardins et quand, on veut transformer une ville sous prétexte d'embellissements, au lieu de réunir des peintres, des statuaires, des architectes, on prend encore des soldats, des marmitons, des jardiniers, ou leurs équivalents.* »
>
> Ernest Feydeau

NAPOLÉON III : LE RETOUR

Depuis le premier séjour de Théophile Gautier en Algérie sept ans plus tôt, la présence française dans le pays s'est largement consolidée. L'auteur du *Capitaine Fracasse* connaissait déjà l'Algérois et l'Oranie, cette fois il découvre Laghouat où « les puits renferment encore bien des cadavres », Boghari « qui sert d'entrepôt et de comptoirs aux nomades », El-Kantara « […] Est-ce un Sahara bleu ? » et Constantine où « la réalité prend des allures de cauchemar », mais où pourtant il songe, un temps, à solliciter une concession. C'est que le pays l'enchante et qu'en homme de presse, il pressent son devenir colonial.

Animé des mêmes sentiments, Napoléon III revient en Algérie en 1965 pour une « tournée des popotes » qui cette fois lui fait visiter l'ensemble du pays. À Alger, l'empereur parcourt à pied le quartier de la Marine, la place du gouvernement, le jardin d'Essai, assiste à un bal au palais Mustapha et à une représentation de *Rigoletto* avant de se rendre dans la Mitidja « par la route pittoresque et hardie qui descend du village de la Bouzareah aux carrières de Bab-el-Oued ». De Boufarik, où il visite une usine de coton, il part pour Miliana et Blida, où il accède à travers le défilé de la Chiffa « qui n'a pas, dit-il, sa rivale en hardiesse ». À Oran, ce sont les femmes vêtues à l'espagnole, jambières de laine et robes valençaises, qui retiennent son attention, ainsi que les très nombreux glaciers, restaurants, cafés et les bals qui jalonnent les rues. Les deux plus célèbres, le Bal Mabille et l'Alcazar se situent place d'Armes, qu'en son honneur et en sa présence, on rebaptise place Napoléon.

L'empereur poursuit sa visite en Oranie par Misserghin, où l'on vient d'assécher le lac salé, Saint-Denis-du-Sig où l'on a construit un important barrage, Relizane où il « a dû quitter la ville sans mettre pied à terre » devant huit mille manifestants musulmans qui réclament la grâce de révoltés internés en Corse, Sidi-Bel-Abbès enfin où « Sa Majesté », note le général Fleury qui l'accompagne, « a été frappée par la richesse du pays ». Ce sera ensuite le Constantinois, Philippeville, Batna, Biskra, Lambèse, Hippone, un voyage qui certes déplaît aux colons, qui s'opposent à la politique arabe de Napoléon III, mais qui, côté tourisme, portera ses fruits. Nombreux seront ceux qui, après cette tournée promotionnelle, largement commentée dans la presse française, envisageront désormais à leur tour de découvrir l'Algérie.

« Eh bien, mon bon, qu'en dis-tu de cette Méditerranée et de cette Afrique ? Te f…-tu suffisamment d'azur dans l'œil et d'air dans le ventre ? Admires-tu les dromadaires ?
Je te plains de l'ennui que tu subiras à ton retour […]
Tu seras tout étonné d'aimer les femmes d'une autre manière ; leur ton d'égalité te choquera. Tu regretteras ces amours silencieux où les âmes seules se parlent, ces tendresses sans paroles, ces passivités de bête où se dilate l'orgueil viril. Don Juan a beau être gentil, le grand Turc me fait envie […] »

Gustave Flaubert

Le Grand Sud, c'est déjà l'affaire de l'Empire, des photographes et des voyageurs. Pour tous, la chaleur est un obstacle. À Laghouat, Théophile Gautier raconte « qu'il faut à midi se plaquer contre la muraille pour profiter de deux ou trois pouces d'ombre ». À Touggourt, si l'on est photographe, après avoir transporté son matériel à dos de chameau, il faut encore régler le problème de l'intense luminosité. Ce dessin paru dans la revue *Le Tour du monde* est tiré de photographies prises par un médecin militaire, le docteur Puig.

« Nous approchons. Alger semble une tache blanche aperçue à l'horizon. On dirait un gros tas de linge étendu qui sèche là-bas sur la côte [...] On distingue d'abord la ville française avec ses arcades, ses hautes constructions percées de grandes fenêtres ; puis, au-dessus, s'étage la ville arabe, une agglomération de murs, d'un blanc de lait, luisant et bleuâtre, invraisemblablement clair sous la lumière aveuglante du jour. » C'est en tant que journaliste que Guy de Maupassant découvre Alger, en 1881. Il reviendra deux fois en Algérie, en 1887 et 1888. À chaque voyage, la baie, sans cesse réaménagée, aura changé de physionomie. Dernière vision de fin de siècle : dans la rade, de petits chaluts croisent encore les paquebots.

CHAPITRE V

La fin du XIXe siècle

J. ZWAHLEN
ANDRE & Cie
CAFE du PONT

À la fin du XIXe siècle, l'Algérie se construit sur des barriques de vin. Depuis que le vignoble français a été détruit par le phylloxéra, la vigne, de ce côté-là de la Méditerranée, a remplacé le blé. Parallèlement, le régime civil s'est substitué au régime militaire. L'argent prédomine sur le sabre : on ouvre le crédit, on encourage les grandes exploitations, on en appelle aux investissements privés. La IIIe République fera l'Algérie coloniale.

C'est une véritable fièvre de création qui s'empare alors du pays. Entre 1871 et 1895, deux cent quarante-huit villages sont créés par des colons venus de l'Aveyron, de l'Ardèche, des Hautes-Alpes, de la Drôme, de l'Isère... Des habitants de Menton se sont installés à Abbo dans la vallée de la Sébaou, des Corses ont fondé Sidi-Mérouane près de Tenès, des Bretons ont crée Herbillon entre Philippeville et Bône, des natifs du Var sont venus explorer les mines de Gouraya près de Cherchell, des Alsaciens-Lorrains ont peuplé Haussonvillers, Bou-Khalfa d'Alsace, Camp du Maréchal, Rouffach ou La Robertsau. Si, comme le rapporte Guy de Maupassant, les débuts sont difficiles, « de la cendre, monsieur, où pas même un chou ne peut pousser », la plupart de ces nouveaux arrivants feront souche. En 1896, après naturalisation des Juifs par les décrets Crémieux, des Espagnols et des Italiens automatiquement par naissance dans le pays, la population française de l'Algérie s'élève à trois cent dix mille habitants.

Alger est devenue une ville d'hivernage à la mode, dont on vante les bienfaits salutaires. Une importante colonie anglaise y a élu domicile. Elle habite Mustapha-Supérieur ; elle court le jardin d'Essai où elle accède par des omnibus tirés par des chevaux, et dès 1890 par les premiers tramways électriques ; elle fréquente le café-restaurant du London House et l'église anglicane de la Sainte-Trinité, située rue d'Isly et dont les vitraux ont été réalisés en Angleterre ; elle s'adresse à l'agence Cook's Tours pour ses excursions, elle lit *The Algerian Advertiser*, publication de langue anglaise crée à son intention en 1885, elle raffole enfin de l'orientalisme que dénonce de son côté Louis Bertrand[1], lorrain, normalien, professeur de lettres, arrivé en 1891, à l'âge de vingt-cinq ans, en Algérie pour y professer.

Ci-contre, **à la fin du XIXe siècle, le port d'Alger est en cours d'agrandissement. On y accède par la rampe Chasseriau et les escaliers de la Pêcherie, qui font traverser le marché aux poissons. Déjà, les terrains de l'Agha ont été annexés pour intégrer un nouveau môle. D'autres aménagements sont prévus, cette fois à la jonction du boulevard de la République et du boulevard Carnot.**

« *Dans ce monceau de petites demeures, ancrées, emmêlées, empilées, comme une pyramide de gros dés à jouer, on ne voit pas d'ouvertures, pas de fenêtres, rien que d'imperceptibles trous par où les anciens corsaires guettaient la mer. Sur le quai où l'on décharge, une fourmilière d'hommes, de toutes races, remue, charge, décharge, entasse sur des voitures, sur des bateaux, roule, empile, traîne, porte dans tous les sens toutes les marchandises imaginables, en caisses, en barriques, en sacs, en ballots, en bourriches, en paquets, avec des cris dans toutes les langues, des disputes, des explications, des gestes frénétiques [...] Cela est gai, remuant, amusant, distrayant, étourdissant.* »

Guy de Maupassant

Il faut traverser la ville arabe. C'est une montée inimaginable à travers un labyrinthe de ruelles, emmêlées, tortueuses, entre les murs sans fenêtres des maisons mauresques. Elles se touchent presque à leur sommet, et le ciel, aperçu entre les terrasses, semble une arabesque bleue d'une irrégulière et bizarre fantaisie. Quelquefois, un long couloir sinueux et voûté, escarpé comme un sentier de montagne, paraît conduire directement dans l'azur dont on aperçoit soudain au détour d'un mur, au bout des marches, là-haut, la tache éclatante, pleine de lumière.

[...] On aperçoit, par les portes entr'ouvertes, les cours intérieures qui soufflent de l'air frais. C'est toujours le même puits carré qu'enferme une colonnade supportant des galeries. Un bruit de musique douce et sauvage s'échappe parfois de ces demeures, dont on voit sortir aussi souvent, deux par deux, des femmes. Elles vous jettent entre les voiles qui leur couvrent la face un regard noir et triste, un regard de prisonnières, et passent.

Guy de Maupassant

« Quel est, écrit-il, l'officier du bureau arabe, le rond-de-cuir désœuvré et romantique, qui, au temps de la conquête inventa ces noms extraordinaires ?

« Rue de la Mer-Rouge, rue des Pyramides, rue de la Girafe, rue du Palmier, rue de la Grenade !... C'est l'Afrique du "Tour du monde" et des livres d'images : oasis, caravanes, chameaux et chameliers, explorateurs et tueurs de lions. Là-bas, rue des Lotophages, nous voici en pleine antiquité homérique... Rue Hannibal, on songe à Carthage, on voit Salammbô qui danse sur sa terrasse, au clair de lune, devant le golfe endormi... Rue Micipsa, rue Jugurtha, rue Caton, rue Salluste, histoire numide et romaine... Rue des Abdérames, rue des Maugrebins, rue Barberousse ! Voilà le flot de l'Islam envahisseur, l'Afrique des Croisades, des corsaires, des esclaves... La rue Médée, ou, plus sinistre encore, la rue du Diable : l'Afrique des sorcières et des djinns, des vendeuses de philtres, des incantations et des maléfices. »

Venant de France, il est également de bon ton de se montrer à Alger, que l'on rallie désormais en vingt-quatre heures de traversée. Jules Verne, en croisière avec son fils et sa belle-fille en Méditerranée, cabote plusieurs jours au large du port sur son yacht, *Le Saint-Michel III*. Il ne met pourtant pas pied à terre. Karl Marx débarque à Alger, en 1882, pour un séjour de trois mois motivé par les séquelles d'une mauvaise pleurésie. Il séjourne à la pension Victoria, sur les hauteurs de Mustapha, sort peu, se plaint de la pluie, de la poussière et du « tapage du vent » mais se félicite du paysage : « Ici, situation magnifique, l'horizon que forme la Méditerranée, le port d'Alger, plus loin les sommets neigeux derrière Matifou. Le matin à huit heures, il n'est rien de plus enchanteur. » Francis Jammes[2], Pierre Loti, Jean Lorrain[3], Prosper Mérimée, Émile Masqueray[4] font la « tournée des grands ducs », fréquentent le Grand Théâtre, square Bresson, le Théâtre des variétés, rue d'Isly, le Café turc, rue Garibaldi, et dînent chez Cassar, le roi des coquillages, dont l'établissement se situe sous les voûtes de la Pêcherie.

QUEL PAYS, MON CHER !

Guy de Maupassant[5], envoyé spécial en 1885 du journal *Le Gaulois*, est enthousiaste : « Quel pays mon cher ! écrit-il. Comme la vie y est douce ! Comme le repos a quelque chose de particulier ! Comme ces nuits-là sont faites pour rêver. » Jean Lorrain, grand gaillard à la moustache conquérante, qui revient à Alger avec la triple casquette de *L'Événement*, de *L'Écho de Paris* et du *Journal*, s'enflamme : « Le soleil éblouit; la rade, toute de lumière, s'arrondit délicieusement bleue dans la splendeur d'un matin mauve ; les monts de Kabylie érigent, plus chimériques que jamais, des cimes incandescentes de neige ; la fanfare des zouaves défile en marquant le pas sous mon balcon, un bouquet de roses rouges et de jonquilles embaume sur ma table, Alger m'a repris, j'ai bu encore une fois le philtre. » Le peintre Auguste Renoir s'exclame : « En Algérie, j'ai découvert le

CAOM

CAOM

C'est devant le siège du quotidien l'*Akhbar,* sous les arcades du boulevard de la République, qu'ont lieu les grands rassemblements politiques de cette fin de siècle. En 1897-1898, Alger subit de plein fouet le contrecoup de l'affaire Dreyfus. La police est débordée, les Algérois manifestent pour ou contre Max Régis, l'étudiant en droit devenu le leader du mouvement antijuif qui réclame l'abrogation des décrets Crémieux.

De corso fleuri en cavalcade, Alger n'en finit pas de fêter la fin du siècle. Les messieurs portent habit et haut-de-forme, les dames crinolines et ombrelles. On assiste au défilé depuis les balcons. Leur construction avait été interdite à Alger après 1848, quand les émeutiers parisiens avaient pris pour cible les forces de l'ordre depuis les balcons du faubourg Saint-Antoine. Depuis le Second Empire, les façades algéroises peuvent désormais s'ouvrir au soleil.

CAFE D

Ci-dessus. **Rue Bab-Azoun. Le cœur de l'Alger populaire et cosmopolite bat au rythme de cette rue commerçante, une des plus animées d'Alger, avec ses bazars, ses confiseurs, ses libraires et ses marchands de tabac.**
Ci-contre. **La rue Bab-Azoun abrite aussi les premiers photographes d'Alger. C'est l'un d'entre eux, Leroux, qui tient boutique au numéro 26, qui a pris cette photo sur le pas de sa porte. Leroux édite par ailleurs la revue** ***L'Algérie illustrée*****.**

blanc : tout est blanc, les burnous, les murs, les minarets, la route. » Côté couleur, Ernest Feydeau renchérit : « Quatre tons ont suffi pour créer cette merveille. La mer est d'un bleu sombre, presque noir, la ville d'un blanc de lait, les montagnes sont toutes fauves, comme des croupes de lion qui se chauffent au soleil, et le ciel semble un dais de satin reluisant, plus doux de ton que la turquoise. »

L'Algérie pourtant n'est pas tout à fait pacifiée. Des révoltes ont lieu ici et là, liées à la détérioration de l'économie indigène accablée par la suppression des droits d'usage et la lourdeur de la fiscalité. Un événement suffit à mettre le feu aux poudres. En 1881, c'est la sécheresse, la famine et les incendies qui ravagent le pays et font des milliers de morts. En 1887, c'est une invasion générale de sauterelles puis le choléra et le typhus qui déciment la population. Devant les émeutes, les voyageurs se font reporters. En 1874, Émile Masqueray sillonne la

“ *Alger m'apparut surtout française [...] je regardais la mer, assis à la terrasse d'un café dont la banalité luxueuse me plaisait. J'avais une joie d'enfant à demander une absinthe, à me sentir seul, tandis que le soleil de midi semblait faire chanter pour moi son ombre et sa lumière [...]*
La ville riait. Sur la hauteur, la fraîcheur des maisons mauresques bâillait d'un sourire adorable, un sourire de marbre pâle et de porcelaine bleue. Une langueur m'envahissait. J'avais faim de fruits glacés et de femmes tièdes [...]
Un son de guitare mourait là-bas. ”

Francis Jammes

Ci-dessus. **La place Bresson s'appelle encore la place de la République. Elle est plantée de palmiers et de bambous. Le Grand Théâtre, incendié lors de sa construction en 1882, contient deux mille places. Son inauguration a porté ombrage aux deux autres salles de spectacle d'Alger, le théâtre des Nouveautés, rue de la Poudrière, et le Théâtre espagnol, sous les voûtes de la Pêcherie. À gauche, le Café de l'Europe, à l'emplacement de la future Brasserie Tantonville, est déjà le lieu de rendez-vous des élégants.** *Ci-contre.* **La Casbah.**

Kabylie à dos de mulet peu après la grande révolte de Mokrani. Ses articles sur les Berbères paraissent dans *La Revue bleue*. En 1881, Guy de Maupassant couvre pour *Le Gaulois* la rébellion d'un marabout de l'Atlas, Bou-Amama, dont les troupes ont pris Frenda et menacent Saïda. En 1894, Jean Lorrain visite l'Algérois et le Constantinois quand des populations affamées et hagardes, ruinées par la chute des cours, quittent la campagne pour se réfugier dans les villes.

Mais la grande nouveauté en cette fin de siècle, c'est le Sahara, cet énorme désert de plateaux pierreux où des caravaniers entretiennent des relations loin-

« Et les émanations du marché de la place de Chartres, et les relents de friteria et de cuisine maltaise des arcades de la Marine ! Comme on est loin de tout cela au milieu des orangers et des pêchers en fleurs de ces belles villas de Mustapha, Mustapha tout en profonds jardins aux pelouses peignées, aux massifs d'arbres rares éclaboussés de floraisons éclatantes, Mustapha pareil, avec sa suite d'hôtels princiers, de family-houses et son bois de Boulogne, à quelque Passy-Neuilly d'Alger, dont le château de Madrid serait l'hôtel Kirsch ou le Continental. »

Jean Lorrain

Dans des espèces de bazars, on vendait des choses sans usage connu : des loques poudreuses de soie et d'or, pêle-mêle avec des chapelets d'oignons enfilés ; et puis des courges, des oranges, des légumes avec de vieilles babouches et des poissons secs, à côté de paquets de fleurs d'oranger qui embaumaient. Il y avait des échoppes comme des tanières, au fond desquelles des marchands au teint de momie, accroupis, emmaillotés dans des burnous sordides, semblaient des spectres au guet.

Pierre Loti

taines avec le continent noir où justement la France s'installe, à Dakar, au Soudan, ou rêve de le faire, à Tombouctou et au Tchad. L'idée n'est pas nouvelle. Après la défaite de 1870, on a déjà imaginé une voie ferrée transsaharienne qui souderait les possessions françaises. Une première expédition formée de cinq cents hommes et commandée par le commandant Flatters a tenté le passage en 1881, elle a été massacrée. Plus tard, Lapperine et ses troupes affrontent les Touaregs à Timimoun, en plein été, en plein midi, par cinquante degrés, sous un soleil de plomb. Nouvel échec mais, à chaque fois, on pénètre un peu plus à l'intérieur, dans ce désert où les Pères blancs, ces soldats du Christ, affrontent les marabouts et les pillards. En 1889, on fonde El-Goléa. En 1900, on prend In-Salah.

LE SUD ! LE SUD !

Auprès des écrivains, les sables font recette. Guy de Maupassant, qui revient en Algérie en 1887 et 1888, pour se soigner cette fois, ne résiste pas à l'appel d'une expédition dans le Sud constantinois que lui déconseille pourtant son médecin. « Le Sud ! Le désert, les nomades, les terres inexplorées et pures, les nègres, tout un monde nouveau, quelque chose comme le commencement d'un univers ! Le Sud ! comme cela devient énergétique sur la frontière du Sahara », répond-il. Émile Masqueray s'aventure jusqu'à In-Salah, le poste le plus avancé du Sud algérois. « Fascinante et haïssable bourgade, ou plutôt ramassis de bourgades où la cotonnade de Rouen s'échange contre des esclaves, où les saints du désert libyque fraternisent avec ceux du détroit de Gibraltar, où les plus vieilles races et les plus vieilles idées du globe se heurtent aux plus nouvelles, république pareille à celle de l'Italie du Moyen Âge, d'où s'élève contre nous un long cri de mort... » En 1896, Francis Jammes découvre El-Kantara : « Il y a là près de deux cent mille palmiers dont la verdure moutonnante s'étale comme un disque d'émeraude au milieu de l'immense pays fauve qui le cerne de toutes parts. L'impression est extraordinaire !... L'éclat est incomparable. » Jean Lorrain, qui parcourt le défilé à cheval, le décrit à son tour. « Une immense, une haute muraille de schiste rose, d'un rose de terre cuite, mais une vraie muraille bien verticale et faisant angle droit avec le sol... Ici finit l'Aurès ; le Sahara commence. »

Isabelle Eberhardt[6] fera du Sahara son sacerdoce. Arrivée en mai 1887 en Algérie à l'âge de vingt ans, cette russe élevée à Genève, convertie à l'Islam, va aimer ce pays jusqu'à l'épouser en la personne de Ehni Slimane, un maréchal des logis, khodja[7] de l'administration communale. Libre, fantasque, habillée le plus souvent en homme, surnommée de façon virile par les Arabes « El Sid Mahmoud », elle tient une rubrique régulière dans le journal *L'Akhbar*. Mais surtout Isabelle Eberhardt voyage, d'Alger « ivre de lumière et de couleur », à Kenadsa, « où les arbres chargés de fruits veloutés tombent dans les seguias », Sidi-Mrarni « avec vers l'est, des dunes et des dunes à perte de vue », Figuig « où les chevaux ne passent pas...

« Et des femmes toutes enveloppées de soie blanche passaient avec un semblant de timidité et de pudeur qui se cache, on ne voyait d'elles qu'une forme neigeuse et voilée ayant deux grands yeux peints admirables. » C'est dans l'ancienne citadelle arabe que Pierre Loti situe en 1883 l'action des *Trois Dames de la Casbah*. La Casbah, repoussée vers les hauteurs de la ville par les nouvelles constructions du bord de mer, sera en cette fin de siècle le dernier quartier d'Alger à être pavé et doté de l'éclairage public. Certains enfants y sont encore porteurs d'eau.

Mers el-Kébir, reliée désormais à Oran par une route taillée dans le roc et un tunnel de 50 mètres, a perdu de son importance depuis l'achèvement du port d'Oran. La petite ville mi-italienne, mi-espagnole qui fut longtemps le débouché maritime de l'ouest algérien, s'est reconvertie dans la pêche. On creuse la montagne à laquelle elle s'accroche pour lui offrir plus d'espace.

Au début de l'année 1893, Jean Lorrain visite Tlemcen. La ville l'enthousiasme. Il écrit : « Le charme de Tlemcen, ce sont ses enfants : ses enfants indigènes aux membres nus et ronds, jolis comme des terres cuites qu'un caprice de modeleur aurait coiffées de chéchias. Petits garçons turbulents, râblés et souples [...], fillettes de dix à douze ans, déjà graves dans les percales jaunes et roses [...], leurs fines chevilles et leurs poignets menus cerclés de lourds bijoux, tout cela va et vient aux seuils des portes basses. »

« C'est le matin : le pas d'un rare turco se rendant du Méchouar à la place, les bourricots chargés de couffes remplies d'argile de quelque ânier de la plaine, ou la mélopée criarde d'un tisseur, installé dans le clair-obscur de sa boutique, voilà les seules rumeurs matinales de Tlemcen. Au-dessus des terrasses étagées s'escaladant les unes les autres avec, çà et là, le dôme blanchi à la chaux d'une mosquée ou le minaret d'onyx d'El-Haloui ou d'Agadir, c'est un ciel d'outre-mer profond et bleu comme la Méditerranée même, la Méditerranée déjà lointaine dans ce coin du Sud oranais, c'est l'azur brûlant des pays d'Afrique avec, au nord de la ville, la dominant de toute la hauteur de ses contreforts rougeâtres, l'âpre chaîne en muraille du Djebel-Térim. »

Jean Lorrain

Depuis un mois, je rôdais à pied par toute cette région magnifique qui s'étend d'Alger à Cherchell, Orléansville et Tiaret […] Ce jour-là, je m'égarai. Je venais de gravir un sommet, d'où j'avais aperçu, au-dessus d'une série de collines, la longue plaine de la Mitidja, puis par-derrière, sur la crête d'une autre chaîne, dans un lointain presque invisible, l'étrange monument qu'on nomme le tombeau de la Chrétienne, sépulture d'une famille de rois de Mauritanie, dit-on. Je redescendais, allant vers le Sud, découvrant devant moi jusqu'aux cimes dressées sur le ciel clair, au seuil du désert, une contrée bosselée, soulevée et fauve, fauve comme si toutes ces collines étaient recouvertes de peaux de lion cousues ensemble. Quelquefois, au milieu d'elles, une bosse plus haute se dressait pointue et jaune, pareille au dos broussailleux d'un chameau.

Guy de Maupassant

La Kabylie vue par un photographe inspiré par des accents bibliques, oliviers centenaires, mulets, norias… Mais la réalité en cette fin de siècle est moins paisible. La région sort à peine d'une violente insurrection armée qui a fait des milliers de morts et l'a coupée du reste du pays. La beauté du paysage ne cachera pas longtemps la misère qui y règne. C'est de Kabylie que partiront de tout temps en Algérie les révoltes anticoloniales.

« Et voici Constantine, la cité phénomène [...] Constantine l'étrange gardée comme par un serpent qui se roulerait à ses pieds, par le Roumel, le fantastique Roumel [...] fleuve d'enfer coulant au fond d'un abîme rouge. Les rues populeuses sont plus agitées que celles d'Alger. » Comme tous les visiteurs, Guy de Maupassant tombe sous le charme étrange de la cité des Ravins. Mais celle-ci n'attire pas que les écrivains : géographes et archéologues étudient déjà ce curieux capharnaüm de pierres dont Jules César avait fait une de ses colonies.

où il faut se glisser à tâtons », Beni-Ounif « où rien ne brille, rien ne vit », Bou Saâda « la Reine fauve vêtue de ses jardins obscurs », et Aïn-Sefra « la petite capitale de l'Oranie désertique, esseulée dans sa vallée de sable, entre l'immensité monotone des Hauts-Plateaux et la fournaise du Sud ». En 1904, on retrouvera son corps, maculé de boue, dans les inondations de cette oasis où elle vivait misérablement. Isabelle la rebelle n'avait pas que des amis en Algérie. Il faudra attendre 1923 pour que soient publiés ses premiers écrits, 1989 pour que, à l'initiative d'Edmonde Charles-Roux, on découvre enfin réunies ses œuvres complètes.

« La gaieté de Constantine, c'est le peuple mignon des petites filles, des toutes petites. Attifées comme pour une fête costumée, vêtues de robes traînantes de soie bleue ou rouge, portant sur la tête de longs voiles d'or ou d'argent, les sourcils peints, allongés comme un arc au-dessus des deux yeux [...] On dirait quelque nation de contes de fées, une nation de petites femmes galantes ; car elles ont l'air de femmes, ces fillettes, femmes par leur toilette, par leur coquetterie éveillée, déjà, par les apprêts de leurs visages. Elles appellent de l'œil comme des grandes ; elles sont charmantes, inquiétantes, irritantes comme des monstres adorables. On dirait un pensionnat de courtisanes de dix ans, de la graine d'amour qui vient d'éclore. »

Guy de Maupassant

À la fin du XIXe siècle, un réseau de voies ferrées quadrille déjà l'Algérie. La première ligne ouverte en 1860 a relié Philippeville à Constantine. Dix ans plus tard, on ne compte plus les liaisons grandes villes et transversales. « Pour aller d'Alger à Oran il faut un jour en chemin de fer, note Guy de Maupassant. Le train roule, avance ; les plaines cultivées disparaissent ; la terre devient nue et rouge, la vraie terre d'Afrique. L'horizon s'élargit, un horizon stérile et brûlant. Et c'est ainsi toujours. Aux haltes du train, d'heure en heure, un village européen se montre : quelques maisons pareilles à celles de Nanterre ou de Rueil. La chaleur est intolérable. » Chaque village a désormais sa gare : ici, Oued-Zenati, dans le Constantinois.

OUED-ZENATI

Un ciel bas, opaque, incandescent, un terne soleil sans rayons, qui brûle pourtant. Sur la poussière qui couvre tout, avec les façades blanches ou grises des maisons, une réverbération morne, aveuglante, qui semble émaner d'un brasier intérieur. Aux crêtes anguleuses des collines arides, des flammes sombrent couvent, et des fumées rousses s'amassent…

Rien ne brille, rien ne vit, dans tout ce flamboiement.

À la gare, entre les wagons noirs et les palissades éventrées, des gens attendent le train. Européens accablés, Arabes aux gestes lents.

Des chevaux et des mulets.

Isabelle Eberhardt

Dès la fin du XIXe siècle, de nombreux visiteurs hivernent à Biskra. La ville aux palmiers offre deux quartiers distincts, l'européen et l'indigène.

Ci-dessus et ci-contre. **Côté indigène, les marchés s'étalent à même le sol et, dans le vieux Biskra, on vit misérablement.**

Pages suivantes. **Le grand Bazar local porte le nom d'Eugène Fromentin, le peintre-écrivain qui le premier visita la ville. Outre la vente de babioles, de photos, d'armes et de cuivres, le magasin fait aussi salon de lecture et de musique.**

“Au matin, le long des cassis et des mimosas, les trompettes fraîches des soldats éclataient.

Les palmiers rigides, pareils à des bouquets de fer, tranchaient l'azur.

La Mère des cyprès de Biskra tombait comme une larme immense et noire, à l'horizon du village nègre.

Le village nègre! […] Ils étaient quelques-uns, jouant aux osselets sur des damiers crasseux, fumant du haschisch dans de petites pipes dont ils secouaient la cendre parfumée sur des terrines rouges, et, parfois, ils buvaient de l'eau pure dans un vase goudronné.

Les yeux de ces fumeurs étaient si tristes […]

Midi flambait.”

Francis Jammes

PHARMACIE BEN HAFIZ
BAZAR FROMENTIN
TABLEAUX
PHOTOGRAPHIE
PHOTOGRAVURE
ARMES
LIBRAIRIE

Biskra. La rue des Ouled-Naïl est le clou d'une visite déjà bien organisée. La tradition veut que les filles de cette tribu gagnent leur dot en vendant leurs charmes et exhibent autant de bijoux que de gages de leurs bons services. « Quelques-unes n'ont encore que de minces bracelets. Elles débutent », constate Guy de Maupassant.

« On peut voir encore aujourd'hui [...] à Biskra, les filles des Aoulad Naîel rangées à la file devant de petites portes doucement éclairées. Leurs corps droits dans des robes qui descendent jusqu'aux doigts de leurs pieds, leurs larges agrafes, les armures de bracelets qui couvrent leurs bras, les triples rangs de chaînes qui descendent sur leur poitrine, et leurs hauts turbans noirs d'où pendent des tresses de laine traversées par d'énormes boucles d'or, n'éveillent rien dans l'esprit ni dans les sens qui ressemble aux turpitudes de la débauche [...] Elles s'offrent ainsi, non plus aux Babyloniens artistiquement peignés et parfumés de myrrhe, mais à tous les nomades et à tous les sédentaires de l'Afrique barbare, aux jeunes guerriers qui vont au marché derrière leurs troupeaux, assis dans des selles brodées d'argent, aux chameliers hâlés par le vent du Sud, aux Kabyles mal vêtus de chemises tachées d'huile et même aux Mozabites qui se damnent pour aller les voir [...] Elles retournent bientôt dans leurs tentes avec des malles peintes de vert et de rose, pleines de beaux costumes et de pièces d'argent. Elles se marient et ce ne sont pas les épouseurs qui leur manquent [...] »

Émile Masqueray

« Les derniers jours de l'été s'égrenaient monotones [...] Les collines de Mustapha se voilaient de poussières tenues, et les blancheurs laiteuses de la haute ville s'éteignaient. Là, pourtant, dans les ruelles étranglées, la vie continuait ardente, ivre de lumière », écrit Isabelle Eberhardt en 1903, date à laquelle est prise cette photo du port d'Alger. « Entre les quais trépidants et le ciel, la ville rit », semble lui répondre André Gide qui, l'année suivante, à son tour visite la capitale algérienne. De fait, en contrebas du boulevard de la République, qui domine la baie d'une hauteur de quinze mètres, le port est une fourmillière où s'activent, dans le brouillard matinal, les dockers. « Et l'on sent, dit André Gide, que le soleil, sitôt franchi ce mur de brume, va faire la chaleur éclatante. »

CHAPITRE VI

La Belle Époque

TAVERN
CGT 22 AL 1871

En Algérie, André Gide[1] inaugure le XXe siècle. En 1893, l'écrivain, âgé de vingt-quatre ans, normand par sa mère, cévenol par son père, a le choix entre deux voyages : faire une croisière d'études en Islande avec son cousin Georges Pouchet, professeur au Muséum d'histoire naturelle, ou accompagner en Afrique du Nord son ami, le peintre Paul-Albert Laurens. Il choisit le soleil et embarque pour la terre d'Afrique : escale à Tunis, visite de la côte méditerranéenne jusqu'à Sousse, départ à la fin de l'hiver en train pour Constantine puis Biskra, ville de cure où Gide espère soigner un début de tuberculose. Il y reste, de fait, six semaines, fréquente le milieu colonial, rencontre des Pères blancs, et... apprend à monter à bicyclette. Vêtu en arabe, il fréquente les cafés maures. « Il me semble, dit-il, que je vais être initié tout à coup à une autre vie, mystérieuse, différemment réelle, plus brillante et plus pathétique. »

De 1893 à 1903, André Gide revient cinq fois en Algérie. En 1895, il visite la Kabylie et Tizi Ouzou, la Mitidja et Blida, « tiède et parfumée, pleine de fleurs et de feuilles », où il croise Oscar Wilde[2] qui « marchait dans les rues... précédé, escorté, suivi d'une extraordinaire bande de maraudeurs; il conversait avec chacun; il les regardait tous avec joie ».

En 1896, au cours de son voyage de noces et alors qu'il travaille au manuscrit des *Nourritures terrestres*, André Gide pousse jusqu'au désert « où rien ne nous retenait que ce charme qui devait m'y rappeler ensuite ». Il atteint Biskra en chemin de fer, puis à dos de chameau Touggourt « cernée par les sables » et l'oasis de Droh, « petit verger abandonné... Aucun mur ne le sépare plus du désert ». En 1899, André Gide séjourne à Bône, où l'avant-port est en cours d'aménagement puis à Batna à l'occasion du cinquantième anniversaire de la ville. À Oran, il descend à l'Hôtel Continental, situé à l'angle de la place d'Armes et du boulevard Seguin. De sa fenêtre, il contemple la toute nouvelle mairie que gardent, de part et d'autre d'un escalier monumental, deux lions en bronze, réalisés par le sculpteur Caîn. À Tlemcen, Gide arpente le quartier juif, rue de France et rue Clauzel, dont les maisons basses, obscures et lézardées, sont parfois coupées en deux par les nécessités de l'alignement. En 1901, il sillonne douze jours à cheval le Souf, cet ensemble

« *Salut ! matin plein de sourires. Le plein rire du jour peut venir : je suis prêt.*

La mer que le soleil affleure se tient tout debout devant moi comme une paroi de lumière, une vitre de nacre irisée que, distincte à peine, la fine ligne des collines que la brume amollit et fait paraître spongieuses, encadre et sépare du ciel. Dans le port, vaporeux encore, que la fumée d'énormes bateaux envahit, un vol tremblant de barques s'éparpille, monte au large brillant et, parfois, les rames tendues, comme dans de la lumière fluide, glisse et semble planer. Et face au soleil, sur la terre, entre les quais trépidants et le ciel, la ville rit. »

André Gide

« *Cassard détestait êtres et paysages qui n'étaient point de la lumière. Il n'aimait ni le froid, ni le brouillard du Nord, ni les cathédrales gothiques, ni l'imprécision des lignes et des idées. Aussi, lorsque le paquebot qui le ramenait, au début de novembre, s'avança entre les musoirs du port, éprouva-t-il une inhabituelle jubilation. Il moussa en lui des pensées de propriétaire. Des larmes lui mouillèrent les yeux à retrouver sa patrie algérienne [...] Il eut le frisson de bien-être du bourgeois ronronnant, béat de se recroqueviller au logis après de hasardeuses frasques. La ville l'envahissait. Il eut, à la vue des blocs crayeux de maisons moresques, qui fuyaient en tumulte dans la perspective jusqu'au sommet d'une colline, cette impression de calme pérennité qu'exhalent au loin les cités orientales. Et le panorama s'agrandit et embrassa la bousculade effrénée des bâtisses européennes à l'assaut des vieux quartiers, les quais qui étreignaient le fond de la baie, les coteaux de Mustapha crénelés de massives cassines, les bateaux grassement pansus à l'ancre.* »

Robert Randau

d'oasis du Sud constantinois, entouré de grandes dunes que seuls jalonnent quelques points d'eau. Enfin, durant l'hiver 1903-1904, il s'installe tantôt à Alger et tantôt à Biskra pour écrire une œuvre critique sur l'état de la colonie. Il en revient avec... un carnet de notes et d'impressions, *Amyntas.* Pendant les dix ans qui suivent, André Gide semble, soudain, se désintéresser de l'Algérie. Il y revient pourtant quelques jours en 1929 et en 1936, puis s'y installe pendant la durée de la guerre.

L'algérianisme est-il pour quelque chose dans le désamour d'André Gide pour ce pays qu'il a tant aimé ? À partir de 1920 est née l'Association des écrivains algériens, fondée par Robert Randau[3], Jean Pomier[4], Louis Lecoq et Charles Hagel. Elle a pour but, loin du « folklore du palmier, de la mouquère et du chameau » de mieux faire connaître l'œuvre française en Algérie et d'établir son patrimoine spécifique. Dans *Le Sang des races,* Louis Bertrand magnifie les vertus antiques de ce peuple formé dans le creuset algérien, dans *Salaouètches,* Paul Achard décrit une Algérie historiquement méditerranéenne, dans la revue *Afrique* Charles Hagel met en scène les petits métiers issus des quartiers populaires : pêcheurs, charretiers, porteurs d'eau. Plusieurs écrivains, Albert Truphémus, Lucien Pelaz, Charles Courtin, Laurent Ropa, Lucienne Favre adhèrent au mouvement, qui chaque année décerne son Grand Prix. Fernand-Duchène, Gabriel Audisio[5], Claude-Maurice Robert[6] font partie des lauréats. L'algérianisme fait tache d'huile. La peinture, la sculpture et l'architecture emboîtent le pas à la littérature. La villa Abd-el-Tif héberge et récompense des artistes plastiques attirés par le pays. Le sculpteur Paul Belmondo, père du comédien, en fait partie.

CACAYOUS, SUPERSTAR

Or, si en Algérie, le Mouvement algérianiste fait grand bruit, Paris en général et *La Nouvelle Revue française* de Gide en particulier, paraissent le minimiser. Entre les Algérianistes et Gide, « ce prêtre du beau qui récite la prière sur l'Acropole en songeant à la tasse de café qui le rafraîchira tout à l'heure », la rupture est consommée. Les Algérianistes reprochent à l'écrivain ses premiers récits, jugés trop exotiques, et son homosexualité que Robert Randau qualifie de toxique. Son installation à Alger, au moment où il affiche des sympathies pro-soviétiques, est vécue comme un véritable défi. « Nous sommes, écrit Robert Randau, les victimes de l'invasion des Barbares. Et que nous apportaient-ils, à nous les enfants du soleil, amoureux de la beauté classique, fidèles de l'Apollon et de la Vénus de Cherchell... Ils ont voulu nous enseigner l'art d'être obscur, de fermer les yeux à la réalité, de faire tam-tam avec les mots. »

Côté trompettes de la renommée, justement, le grand gagnant à Alger en ce début de siècle n'appartient ni à l'école gidienne ni à proprement parler au Mouvement algérianiste auquel il s'apparente pourtant. Il s'agit d'un personnage picaresque, porte-parole du parler populaire de Bab-el-Oued, bon cœur mais tête de lard, qui répond au surnom de Cacayous, traduisez « chiasseux ». Ses aventures signées d'un pseudo-

Rue de la Marine et place du Gouvernement. « Les discussions les plus passionnées sur la colonie, son développement, son devenir s'y sont tenues. Les grands événements de l'histoire de l'Algérie ont été traduits sur la place par des cérémonies les plus diverses, réceptions solennelles, revues d'honneur, cortèges, banquets », constatait déjà Ernest Feydeau en 1850. Un demi-siècle plus tard, ce quartier, le premier à avoir été construit à Alger par les Français, a toujours valeur de symbole national.

nyme, Musette, sont publiées de 1896 au lendemain de la Grande Guerre dans de petits opuscules hebdomadaires qui chacun prend pour thème l'actualité et la vie quotidienne : *Cacayous antijuif, Cacayous poilu, Cacayous à l'Exposition universelle, Le Mariage de Cacayous*... en tout plus d'une quarantaine de titres vendus chacun à plus de dix mille exemplaires.

Pataouète avant l'heure, Cacayous a été inventé par Auguste Robinet, un Algérois né rue de la Révolution, au cœur même de la vieille ville, fils d'un typographe traducteur d'arabe. Officiellement, Auguste Robinet est fonctionnaire, inspecteur des « enfants assistés » du département d'Alger mais ce touche-à-tout farfelu, qui porte moustaches, favoris et bedon, est surtout un des membres fondateurs et actifs de l'Automobile Club algérois, un formidable joueur de piano et de flûte, compositeur de musique lyrique ainsi qu'un journaliste facétieux qui signe ses premiers articles dans *L'Akhbar* du pseudonyme de « Tête d'Âne » avant de participer à l'aventure de *La Revue algérienne* et d'entrer comme chroniqueur à *L'Écho d'Alger* lors de sa création en 1912.

Dès la parution à Alger de ses premières aventures, Cacayous fait un triomphe. Très vite, dans les quartiers de la Bassetta et de la Cantère, on s'arrache ces « sitcoms » à deux sous dont l'action se situe à proximité des bodegas espagnoles, des trattorias italiennes et des pêcheries maltaises. Ersatz de titi parisien, Cacayous et ses acolytes, Chicanelle « ma sœur, pôvre qu'elle élève

“ *À six heures je me suis levé, complètement à bout de sommeil. Pas un souffle [...]*
Ma chambre, à l'angle de l'hôtel, ouvre sur la terrasse haute, fait face à la ville et domine le port. Au-dessus de la mer, au pied du ciel, une épaisse hauteur de brume, de vapeur, cache le lever du soleil; on dirait de la chaleur figée.
Il fait sirocco. L'on étouffe. Sur la terrasse, pieds nus; la dalle est chaude. Tout est terne, les blancs les plus délicats sont flétris. L'on sent que le soleil, sitôt franchi ce mur de brume, va faire la chaleur éclatante. Et d'un bond, le soleil le franchit. ”

André Gide

« Une odeur composite de goudron, d'huile rance, de scabetche, de vinasse, de frottée à l'ail, de sueur, de musc, d'humidité marine, de tinette, de soupe à l'oignon, de sardines frites, de pastèque pourrie, flottait dans les brises du soir [...] » Qui mieux que Robert Randau, le père de l'Algérianisme pouvait ainsi évoquer Bab-el-Oued, au début du xxᵉ siècle. C'est l'époque où Bab-el-Oued s'entiche de *Cacayous*, sorte de gavroche local dont les aventures paraissent en feuilleton. Avec Cacayous dont la devise est « Algériens, nous sommes », le pataouète est né.

toute seule le petit », Calcidone, le pêcheur d'oursins, Bacora, le guitariste, Scaragolette et Maria-Pépa, deviennent vite les enfants chéris des Algérois. C'est que, comme eux, ils évoluent dans les quartiers populaires autour de la place Dutertre et des Trois-Horloges, comme eux ils s'habillent d'un pull marin, se coiffent d'une gâpette et se chaussent de *spargates*[7], comme eux, les locutions ils inversent « plus beau que moi, tu meurs » et s'interpellent à coup de sobriquets : « Et alors ? Calamar[8] », « Et oilà patcho[9] ». À chaque publication, le pataouète de Cacayous, mélange de français, d'espagnol, d'italien et d'arabe, s'enrichit au contact de la rue : un vaurien devient un *fouraïne*, un colérique un *fatoutche*, un hypocrite un *falso*, un crève-la-faim un *mesloute*, un voleur un *sacatrape*. Cacayous ne se bagarre pas, il *s'engantche*, il ne crie pas au scandale mais au *tcheklala*, il ne fait pas de crocs-en-jambe mais des *gambettes*. En colère, est-il ? Non, il a la *rabia*. Maigre ? Malingre ? Dites *sloughi* ou *estocafitche*. A-t-il faim ? Il se régale « d'un coup de poissons frits, bazougs, mendjacaga, sardines ». À la question : « Êtes-vous français ? », il répond : « Algériens, nous sommes. »

« Cacayous, écrit Musette, naquit, à l'âge de dix ans, sous un trognon de chou, entre une partie de marelle et une échauffourée... En le voyant, une vieille Kabyle, tireuse de cartes qui passait par là, s'écria :

« – Cacayous, bono besef !

« Ce qui voulait dire :

> « *D'abord, pataouète et sabir, c'est pas du tout, mais pas du tout la même chose ! Le pataouète, vous commencez à le cerner, et le sabir : c'est du français naturel que parlent mal les Arabes, à cause de leur accent d'autochtones [...] Le pataouète, c'est pas de l'argot non plus [...] Le pataouète, c'est plus franc et honnête ? Clair comme tout, obligé à cause du soleil ! Savoureux, vous allez voir les recettes que j'vous donne ! Torrentiel même si nos oueds, y z'avaient pluss le temps, c'est vrai, de sécher au soleil plutôt que d'se noyer dans un verre d'eau avec des efforts débordants [...] Les racines lingouistes du pataouète, dans la nuit des temps, elles s'enfoncent !* »
>
> Roland Bacri

Au début du siècle, le Jardin d'Essai avec ses trois grandes allées coupées de transversales, ses végétaux exotiques et ses pièces d'eau, est très à la mode. On y vient à pied, à cheval, en tram, en omnibus à impériale ou en calèche. La visite commence par la pépinière, puis on sirote une absinthe au Café des Platanes avant d'aller se baigner sur la plage de la Grenouillère.

« – Cacayous, tu seras roi !

« Elle ne se trompait pas... Il possédait d'emblée tous les dons de l'homme de génie : il savait pêcher, faire des oursins, tourner la calotte à un poulpe, épouvanter les moutchous, donner le coup de tête, faire sortir la fumée par le nez... »

Avec Cacayous, l'heure des écrivains pataouètes a sonné. À Alger, Louis Bertrand embraye avec *Pépète le Bien-Aimé*, tandis que Paul Achard, Louis Lecoq et Lucienne Fabre inventent respectivement les personnages de *Pascualète*, de *Broumitche*, et de *Prosper*, ancêtres de *La Famille Hernandez*. À Oran, le haut fonctionnaire Gilbert Espinal propose *Les Chroniques de Séraphin* et *Les Nouvelles oranaises* émaillées de *tchanclas* (savates), de *bolas* (blagues) et d'*abuelas* (grands-mères). À Bône, Fernand Bussutil, chroniqueur à la *Dépêche de l'Est*, crée les figures pittoresques d'*Otto Bus* et de *Bibert*. À Philippeville, le journaliste Edmond Brua, l'oncle du romancier Jacques laurent, consacre le parler populaire constantinois dans *La Parodie du Cid* :

« La tombe de mes morts, si c'est pas malheureux

« De oir que la schkoumoun i s'en prend qu'à les vieux. »

“ *Le bel arbre qu'un palmier ! Comme il s'élance ! Comme il plane ! Comme il joue librement entre ses branches ! [...] Un beau palmier vaut un jardin. C'est tout un monde. Des arbres fruitiers croissent sous son ombre ; des tribus de lézards et d'ouranes l'habitent ; des tourterelles nichent au creux de ses écailles ; des bandes d'oiseaux y chantent continuellement, même aux heures les plus chaudes du jour. Il est plein de ramages et de parfums. Il est la chanson vivante de ces solitudes [...] Parfois, lorsque le simoun l'assaille et rebrousse les larges éventails de ses bras, il sonne tout entier jusqu'à la racine : c'est le fracas d'un navire dont les antennes gémissent et dont les voiles tendues s'arrachent et grondent sous les coups de l'ouragan [...]* ”

Louis Bertrand

“[…] descendre au jardin d'Essai ; le traverser en hâte ; courir jusqu'à sa plage […] ah ! se baigner ! […]

Eau tiède ; souffles vifs ; quiétude ; langueur.

Jardin d'Essai, le soir. Allée de bambous déjà sombre […] Je m'y suis promené le soir, à l'heure où dans l'avenue des platanes, à peine on distinguait du tronc des arbres l'épais enveloppement des lianes […]

Mais j'aurai vu, géantes, ces ipomées […] Tiges volubiles, fleurs violet pourpre ou plus pâles, qui font face toujours ; leur couleur froide peut éblouir !

Des lontanas géants ; des lauriers-roses ; des hibiscus, feuillage glacé vert, fleur cramoisie. – Dormir.”

André Gide

À la Belle Époque, les courses de chevaux sont devenues du dernier chic. Les élégantes se rendent en calèche sur le tout nouvel hippodrome d'Hussein-Dey, qui n'est pas encore un grand faubourg d'Alger, mais une petite ville de trois mille cinq cents habitants couverte de fermes, de villas et de guinguettes. Les musulmans font à pied ou à dos de mulet les sept kilomètres qui séparent la Casbah du Champ de courses. Eux aussi raffolent de ces galops qui leur rappellent leurs fantasias

« *Quand un patos rencontre un autre patos, comment qu'y se gaussent, la mort de leurs z'osses ? Un : « Comment vas-tu… yau de poêle » et l'aute : « Pas mal et toi… la matelas », c'est fin comme un couffin. Quand un angliche rencontre un aute angliche, quel est leur speech ? « How do you do ? – How do you do ? » Quels perroquets, ma parole ! Nous z'autes, à Bab-el-Oued, un y s'informe poliment : « Et alors ! » et l'autre, philosophe, y rétorque : « Et oilà ! », c'est les banalités du sage.* »

Roland Bacri

En bord de mer, le calme du boulevard de la République ne préfigure pas encore la transversale incontournable d'Alger qu'il sera plus tard, au temps de l'automobile et des embouteillages. En 1900, c'est le quartier résidentiel des grands hôtels, Hôtel de l'Oasis, de l'Europe, des Étrangers, avec *« vue sur la mer »* des cafés-restaurants Gruber, Charles, La Comète, de la Poste et du Télégraphe, des arrêts d'omnibus et des voitures de place.

La Consolation, au-delà de Bab-el-Oued et de la Salpêtrière, est encore un quartier isolé qui mène aux cimetières européen et israélite. Une gare dessert pourtant ce faubourg ainsi qu'un boulevard aménagé le long du rivage en prolongement de ceux qui bordent Alger. Bientôt des trams électriques vont relier La Consolation au quartier plus lointain de Saint-Eugène. La ville d'Alger prend peu à peu de l'amplitude, mais on n'en est pas encore là. Le long de ces petites plages étroites du littoral, on mène encore les chevaux se rafraîchir à la tombée de la nuit. Ici, la population est presque exclusivement d'origine espagnole. On est terrassier de père en fils.

Notre-Dame d'Afrique, en 1900, est encore nichée dans un rideau de verdure et son accès plutôt difficile. Une fois l'an, les Algérois font cependant à pied le pélerinage. Le reste du temps, on s'y rend en carriole à travers la vallée des Consuls, dont les contours épousent les ravins de la Bouzareah. Commencée en 1858, Notre-Dame d'Afrique avait été consacrée en 1872 par Monseigneur Lavigerie.

1907

Côté photo, la Belle Époque flirte avec l'orientalisme. Après les peintres du XIXe siècle, les photographes du début du XXe siècle se mettent à la composition en studio. On réclame de la couleur locale, en voici, avec pour décor des ottomanes, des tentures, des tapis, des brocards, des coussins, des guéridons et pour modèles des mauresques, le front couvert de pierreries, l'œil assombri au khôl, des juives en costume traditionnel, des enfants vêtus à la mode touareg. Les clichés se vendent dans les boutiques de la rue Bab-Azoun et de la rue Porte-Neuve ou traversent la Méditerranée, sous forme de cartes postales. Aux poses avantageuses de la Belle Otéro, l'Algérie oppose la douceur alanguie des filles du Sud.

« Un nouveau débarqué que j'avais emmené voir les rues de la Casba, les cafés maures et tout, il a voulu nous payer le kouskouss à tous chez un Arabe [...] D'un coup de coude dans la potrine je me l'embaraque et j'y dis au mecieu que je me connais un restaurant arabe véritable, là oùsque qu'on mange tout ça qu'on veut [...] Alors moi, je commande kouskouss au beurre, complet, fort qu'on se lève les cheveux en l'air et pis [...] Après une chtithra, un coup de poissons frits, bazougs, mendjacaga, sardines, un concombre naturel chacun, des olives, six tranches de pastèque, sept ou huit douzaines de figues Barbarie, cafés maures et après marche la route [...] Le mecieu, quand y s'a mangé trois ou quatre cuillers de kouskouss, y commence à venir rouge, à faire hâââ, hâââ, hâââ, ouvrir la bouche et sortir le mouchoir.
– Vous aimez pas le kouskouss ? »

Musette

Voici, en 1900, la célèbre trappe de Staouéli, qui plus tard allait devenir le domaine agricole d'Henri Borgeaud, un des colons les plus célèbres de l'Algérie française. À l'époque, l'abbaye accueille cent vingt pères trappistes et sa colonie quelque deux cent cinquante ouvriers, du bétail et des ruches. La grande affaire de ce phalanstère interdit aux femmes, même en visite, c'est la vigne et l'essence de géranium. L'abbaye proprement dite, avait été construite sur un lit de boulets et d'obus laissés lors de la célèbre bataille qui, en 1830, avait ouvert aux Français les portes d'Alger. Sur les murs, une inscription : « S'il est triste de vivre à la Trappe, qu'il est doux d'y mourir. »

JANUA CŒLI

Oran, début du xxe siècle.
La petite place de la Perle vit ses derniers feux. Bientôt, ce quartier de la *Calère,* berceau de la population espagnole va passer de mode, trop populaire, trop vétuste, trop pauvre. On construit moderne certes mais ailleurs, vers Karguentah et Miramar. La petite église Saint-Louis, première cathédrale d'Oran qui dominait le quartier, sera remplacée en 1913 par un nouvel édifice situé boulevard du Deuxième-Zouave.

« *Tout Oran est là, faisant les cent pas sous les eucalyptus des allées, tout l'Oran du quartier français et du quartier espagnol ; femmes d'officiers en toilette d'été sous des ombrelles claires, Juives oranaises […] dans leur robe de satin violet et de velours pisseux et l'entortillement des châles ; étrangères des hôtels vêtues de draps anglais et chaussées de souliers jaunes ; bonnes d'enfants mahonnaises coiffées d'écharpes de dentelle […]. Tout cela grouille, jase et chatoie aux sons des cuivres de l'orchestre, groupé, qui sur des chaises, qui debout et formant cercle autour des vestes sombres à hautes ceintures bleues et des nuques halées et ras-tondues des musiciens.* »

Jean Lorrain

En 1905, on décide de doter Oran d'un nouveau théâtre pour remplacer Le Bal Bastrama, une bicoque en bois de la rue de Turin qui faisait jusqu'alors office de salle de spectacles. Le nouveau théâtre, mille places et façade à clochetons, aura droit en 1908 à une double inauguration justifiant sa double vocation lyrique et dramatique. Le 29 octobre, on y donnera un concert. Le 30, une représentation d'*Hérodiade*.

Constantine, place de la Brèche, c'est déjà le rendez-vous incontournable de toute une population disparate, notables en hauts-de-forme qui fréquentent le Grand Café Germain ou le café Grès, dames en chapeau qui viennent faire leurs courses à la Ville de Nancy ou musulmans en gandouras. À Constantine, la cohabitation n'est pas un vain mot. Ici, les musulmans représentent quatre-vingts pour cent de la population.

« Hautaine et rugueuse, ramassée sur le plateau de son rocher en éperon, la voici devant moi, la vieille cité numide où planent les ombres de Jugurtha et de Sophonisbe. Toute baignée de lumière, elle se découpe avec une intensité prodigieuse ; elle est quelque chose d'unique, d'un aspect farouche et, quoique l'on soit averti, elle demeure une vision d'une beauté surprenante. »

Henriette Célarié

La Casbah de Constantine est déjà, au début du XXe siècle, une des plus denses d'Algérie, une des plus miséreuses aussi. On y voit encore des ferrailleurs vendre à la criée leur quincaillerie, des marchands de guenilles proposer leurs pauvres coupons. Le quartier des orfèvres juifs n'est pas loin. Cette promiscuité provoquera plus tard de graves conflits entre les deux communautés.

« Les hauteurs escarpées se rapprochent, resserrent leurs mornes parois. L'on est devant un des paysages les plus impressionnants d'Algérie. Par où passer ? » L'écrivain Henriette Celarié s'était posé la question lorsqu'elle visita, au début du siècle, la région comprise entre El-Kantara et Biskra et échoua, comme ces deux touristes, au col de Sfa. Tournants, pentes raides sur les deux versants, derrière *La Montagne de sel*, devant le Djebel Bou Ghezal, ignoraient-elles, ces deux dames, que la région était infestée de najas ?

« [...] j'ai suivi le boulevard de l'Abîme, grandiose corniche dominant une large vallée. Les montagnes neigeuses qui la bordent font suite à celles de la Petite Kabylie [...]
Le boulevard de l'Abîme conduit à la Kasba et au pont de Sidi-Mecid [...] Resserré entre les parois rocheuses aux tons de rouille, à la surface mamelonnée, le Rhumel coule des eaux jaunâtres et fait entendre son puissant grondement. Une grotte se creuse : celle des Pigeons d'où, avant l'arrivée des Français, les épouses adultères et les condamnés à mort étaient précipités, cousus dans des sacs. »

Henriette Célarié

Biskra, 1913. Comme dans la plupart des oasis, la vie de garnison a pris désormais le pas sur le tourisme. Restent les festivités locales. Ici, une fantasia. Dans l'assistance : des gradés en uniforme, des caïds en grande tenue, quelques religieuses et même une petite fille en broderie anglaise et charlotte.

Pages suivantes. Avec les rumeurs de conflit international, les Pères Blancs n'échappent pas à une formation militaire.

« Notre séjour à Biskra ne devait pas se prolonger longtemps encore. Les pluies de février passées, la chaleur éclata trop forte. Après plusieurs pénibles jours, que nous avions vécus sous l'averse, un matin brusquement, je me réveillai dans l'azur. Sitôt levé, je courus à la terrasse la plus haute. Le ciel, d'un horizon à l'autre, était pur. Sous le soleil déjà ardent, des buées s'élevaient ; l'oasis fumait tout entière ; on entendait gronder au loin l'oued débordé. L'air était si pur, si léger [...] Chaque jour cependant augmentait la chaleur. Rien ne nous retenait à Biskra – que ce charme qui devait m'y rappeler ensuite. »

André Gide

« Tout à coup, j'entends monter le son de la flûte arabe [...] Oh ! qui dira la douceur et la mélancolie de chant ? [...] Ce petit bruit faiblement modulé par la flûte de roseau, ce souffle ténu qui domine à peine, pendant le jour, la vibration stridente des sauterelles, qui se confond, la nuit, avec les murmures du vent [...], c'est le Sud tout entier, non pas seulement avec ses montagnes et ses plaines, ses déserts semés d'ossements, ses lacs desséchés et couverts de sel, mais avec les habitants farouches et bariolés de la tente, les cavaliers aux draperies flottantes et les filles d'amour qui se tiennent, toutes resplendissantes sous leurs bracelets et leurs voiles, devant les murs blancs des ksars. »

Louis Bertrand

« El-Oued [...], rose et dorée aux matins enchantés, blanche et aveuglante aux midis enflammés, pourpre et violette aux soirs irradiés et... grise, grise comme le sable dont elle est née, sous les ciels blafards de l'hiver ! » Isabelle Eberhardt passe plusieurs semaines dans le Souf cette région de l'extrême sud-constantinois où les oasis sont disséminées par groupes isolés de vingt à cent palmiers et suivent la configuration des dunes. Le pays des entonnoirs, précise un dicton arabe : à El-Oued, les maisons enfouies dans le sable ressemblent à des taupinières.

CHAPITRE VII

Le Centenaire

En 1930, l'année de la célébration du Centenaire, la réussite matérielle de l'Algérie est évidente. La population européenne n'a cessé de progresser. Au recensement de 1926, elle est de 833 000 habitants dont 160 000 pour Alger, quatrième ville de France, qui grâce à ses administrations et à son université demeure un pôle d'attraction. Avec 150 000 habitants dont 125 000 européens, Oran est en plein essor, Constantine, troisième métropole régionale, reste avec 88 000 habitants une ville à quatre-vingt pour cent arabe. La plupart des localités, Arzew, Nemours, Mostaganem, Bône et Philippeville doivent leur développement à leurs ports, qui exportent chaque année 715 000 tonnes de phosphates et un million et demi de tonnes de blé. D'autres, comme Beni-Saf ou Bougie, ont bénéficié de l'activité minière, le fer en Oranie, les phosphates dans le Constantinois. Quant aux musulmans, ils sont 5 148 000, en grande partie des ruraux, dont la participation à la vie administrative reste relative. 100 000 d'entre eux, en provenance de Kabylie notamment, ont déjà franchi la Méditerranée pour servir de manœuvres dans les usines parisiennes et les mines du nord et de Lorraine.

C'est cette Algérie florissante qui va accueillir, le 4 mai 1830, le président Doumergue venu inaugurer les fêtes du Centenaire. « Alger m'enthousiasme », déclare Doumergue à son arrivée. Et de fait, la ville blanche a mis le paquet. Le cortège officiel parcourt les avenues les plus représentatives du génie colonisateur, le boulevard de la République, le boulevard Carnot, le boulevard Pasteur, le boulevard Laferrière creusé depuis peu à la place des anciens remparts, puis il passe, rue d'Isly, devant la grande poste, sillonne la rue Michelet et grimpe jusqu'au Palais d'été. Les gendarmes défilent, suivis des méharistes, des légionnaires au son de la nouba, des Touareg qui portent boucliers et lances, des goumiers des territoires du Sud, des spahis en pantalons bleu ciel, des chefs indigènes vêtus du manteau rouge, signe de commandement, des tirailleurs algériens en gilet brodé et pantalon bouffant, puis ce sont les fusiliers, les voltigeurs, les marins avec leurs casques à chenille, les artilleurs dont les chevaux tirent des canons de bronze... Sur le forum, quatre mille gymnastes paradent devant le

Ci-contre. **Le Port d'Alger. Années 30. « Maintenant, à dix heures sur le môle, si vous aimez le soleil, on peut dire que cet astre béni en jette un coup... Un paquebot entre, tenant en laisse derrière lui son remorqueur. De vagues éclats de cuivres, venant de la musique du square et traversant le port prennent dans l'air et sur l'eau une sorte de poésie. » Henry de Montherlant décrit ici Alger où il s'est installé en 1928. Il y séjournera jusqu'en 1936.**

« *Alger est une vraie grande ville, une capitale, et on ne saurait croire combien ce mot de « grande ville » est prometteur, et tient ses promesses, pour ceux qui ne peuvent vivre que dans la solitude. Et la rue d'Isly est le cœur de cette grande ville. Mais trente mètres plus haut – Alger, on le sait, est bâtie sur une pente –, la rue Mogador est la province, et, quinze mètres plus haut encore, la rue Dupuch est la plus lointaine province. [...] C'est quelque part sur ces hauteurs que je vis, entre la campagne et ses arbres, et la ville déployée au levant, avec au-delà toute la mer [...] Chaque matin, éveillé avant le soleil, de mon lit j'assiste à son assomption sur la mer, le port, la ville. À peine a-t-il émergé, déjà il éblouit.* »

Henry de Montherlant

« Alger est une ville moderne, mêlée et fondue avec une ville barbaresque, de sorte que sans transition, vous passez d'une civilisation à une autre », constate Louis Bertrand en 1929. De fait, à peine quelques centaines de mètres séparent les petits bistrots modernes des souks de la Casbah. À Bab-el-Oued, un commerçant juif exploite un bazar arabe, à Hussein-Dey lors de la célébration du Centenaire, des Touaregs présentent une méharée, le square d'Isly, kiosques et terrasses, joue la carte « parisienne ».

monument aux morts. Dans le port, la flotte déployée sur deux lignes, avec en tête les cuirassés *Le Provence, Le Bretagne* et *Le Paris*, salue la ville de ses canons; suivent le porte-avions *Le Béarn*, les croiseurs, les torpilleurs, les sous-marins... Des escadrilles d'avions tournoient dans le ciel. L'hippodrome du Caroubier accueille une fantasia monstre à laquelle assistent cinquante mille spectateurs. Le soir, la darse est embrasée par un feu d'artifice tandis que le lendemain commence la valse des inaugurations : Palais de la mutualité, Musée des beaux-arts, musée Franchet-d'Esperey, Maison des étudiants, Maison de l'agriculture. Partout, la foule est immense, elle applaudit pêle-mêle le baptême du grand lycée qui, pour l'occasion, prend le nom de Bugeaud, l'ancien président du Conseil René Viviani ovationné pour être né à Sidi-Bel-Abbès, Cécile Sorel venue réciter des poèmes et la soprano Ninon Vallin qui interprète dans un cinéma de Bab-el-Oued *La Cantate du Centenaire,* composée pour l'occasion. Gustave Marcier, commissaire général du Centenaire, déclare : « N'est-ce point ainsi chanter cette terre aux visages multiples, dire le charme de ce littoral, baigné par une mer plus bleue que celle de la Côte d'Azur, de ces montagnes au profil sculptural, dessinant une rive aux mille contours capricieux, de ces champs fécondés par le labeur français. »

> “ *À Bab-el-Oued, on est espagnol, italien – naturalisé ou non –, français du Midi, ou croisé de ces trois races [...] Tout est net, fin et frais [...] Et jeune surtout, tout est jeune. Où sont les vieux ? On dirait qu'ils ont été dévorés par tant de jeunesse [...] Six visages sur dix sont ravissants. Comme c'est agréable, que la plus jolie race que je connaisse soit – tant bien que mal – française !* ”
>
> Henry de Montherlant

DES DÉFILÉS, DES FÊTES, DES NOUBAS

La romancière globe-trotter Henriette Celarié s'exclame avec enthousiasme : « Que cette terre est généreuse ! » Louis Bertrand de l'Académie française écrit dans *L'Illustration* : « Je me demande s'il est pour nous, Français du XXe siècle, un centenaire plus glorieux que celui de la Conquête de l'Algérie. » Gabriel Audisio, qui vient tout juste de recevoir le Grand Prix littéraire de l'Algérie, conclue : « Cent ans, c'est la belle jeunesse pour un pays... Quel glas pour l'être humain, mais quel carillon pour une race ! »

Et quelle célébration ! À Boufarik, ville symbole de la lutte contre les « fièvres », devenue avec treize mille habitants la

AU GRAND BAZAR DU SAHARA
ABRAHAM MORALY
GRAND ASSORTIMENT D'ARMES ET DE BRODERIES ARABES 10

« Il est incontestable qu'il y a un charme d'Alger, qui a été célébré par nous tous, écrivains ou artistes, depuis Delacroix et Fromentin, depuis les premiers temps de la conquête – et que le plus médiocre des touristes est capable de sentir. Il existe un Alger romantique, un Alger azur et or, inventé par des imaginations de poètes. Cet Alger-là apprivoise petit à petit le visiteur avec l'Alger véritable, qui est incomparablement plus beau, étant plus vrai. Il amène le passant qui sait voir et qui sait réfléchir à des découvertes qui l'enchantent. À tout le moins, il entretient l'illusion qui, depuis un siècle bientôt, attire aux pieds de la Ville Blanche un flot ininterrompu et sans cesse grossi d'admirateurs. »

Louis Bertrand

capitale du vin et du tabac, on inaugure le monument à la gloire du génie colonisateur, énorme stèle où sont représentés en bas-reliefs tous les acteurs de la conquête, Bugeaud, Lamoricière mais aussi de simples soldats paysans rompus aux travaux des champs. À Sidi-Ferruch, on commémore sur la plage le débarquement de l'armée d'Afrique le 14 juin 1830 sur ordre de Charles X. À Constantine, on dévoile l'arc de triomphe à la romaine dédié aux morts de la Grande Guerre que l'on a édifié sur un des éperons rocheux du plateau de Sidi-M'Cid. À Oran, la municipalité organise sa propre exposition coloniale, à laquelle on accède par une porte néo-mauresque monumentale. Tous les jours, des lutteurs noirs présentent une exhibition de boxe tribale, des almées de Tlemcen se livrent à des danses traditionnelles, ailleurs des guerriers s'élancent, des chevaux galopent, c'est une fantasia. Philippeville, Bône, Bougie, chaque ville a son corso fleuri, son défilé militaire, ses fêtes, ses noubas, même les plus reculées comme les oasis de Touggourt, Ouargla, ou El-Oued. « Un scandale », dénonce Baïlac, ancêtre de la famille Hernandez dans son journal *La Presse libre.* « Un tam-tam formidable », écrit *L'Humanité* qui insinue gaspillage et pots-de-vin tandis que *Le Petit Parisien* publie une série dédiée à « nos gloires nationales » et *L'Illustration* un numéro spécial dont la couverture est signée Jean Bouchaud, un des lauréats de la fondation Abd-el-Tif. Jusqu'aux actualités filmées de Pathé-Journal qui s'en mêlent. Par reportage interposé diffusé dans les salles de cinéma, les Français de France découvrent la plus florissante de leurs colonies en première partie du nouveau film de René Clair, *Sous les toits de Paris*!

Henry de Montherlant[1], lui, fait le voyage. Alger n'est plus désormais une destination lointaine. Chaque semaine, quarante paquebots relient en une nuit Marseille ou Port-Vendres à la capitale algérienne où l'écrivain se fixe, en 1929, rue de Richelieu d'abord puis boulevard Saint-Saëns, « quelque part sur ces hauteurs [...], entre la campagne et ses arbres, et la ville déployée au levant, avec au-delà toute la mer ». Plus qu'aucun autre voyageur, Montherlant aime Alger – « Ne change pas. Ne change pas, quand tout change » –, sait s'assimiler à sa population – « Jusqu'à nouvel ordre... je me

« J'aperçois Vincent et Fernand qui trinquent. Je savais bien qu'ils étaient « fâchés à môrt », mais je ne savais pas que ce fût à ce point-là. On demande : « Une bille ! Une limounade ! Un glaçon ! ». On dit : « Va ! Va ! ». On s'interpelle : « Chef ! » ou « Maestro ! » ou « Jeune homme ! ». Le « chef » est le garçon de café, le « maestro » un pauvre diable et le « jeune homme » un quadragénaire ; c'est pour dire que l'imagination, ici, est magnifiante : tout le monde patron et tout le monde jeune ! »

Henry de Montherlant

« Maintenant, si vous aimez le soleil, on peut dire que cet astre béni en jette un coup », écrit en 1933 Henry de Montherlant. L'architecture arabo-berbère de certains monuments y contribue. Ici, la Grande Mosquée de la rue de la Marine, photographiée en tout début d'après-midi quand Alger fait la sieste. En soirée, ce quartier sera, de tout temps, des plus animés de la ville, toutes populations confondues.

« Ce peuple d'Alger, oui je le vois jeune et fort, une adolescence musclée [...] et tous les insulaires qui se tendent la main sur l'eau, de tartane à balancelle, les Mahonnais et les Corses, les Sardes, les Siciliens et les Maltais, et jusques aux Hellènes, tous les frères de l'olive et de la figue, tous les enfants du pampre [...] Mieux que des arguments didactiques, une image sensuelle : la chair et le sang, des reins, des épaules, des cuisses. Onze heures du matin, au début de juillet, dans la rue, sur les plages, parmi les blocs des môles : là règnent des garçons solides, athlétiques et durs, et la plus belle troupe de filles qui se meuvent sur aucun bord de la Méditerranée elle-même [...] Ce pays et son peuple, ils viennent à peine de célébrer leurs premiers cent ans : quel glas pour l'être humain, mais quel carillon pour une race ! »

Gabriel Audisio

Blida, « la petite rose, la fleur du Sahel » saluée par André Gide fait, ces années-là, l'unanimité. Jean Daniel, qui y est né, écrit : « J'appartiens à cet espace dominé par les monts de Chréa [...], orné d'un kiosque d'où émerge un palmier [...]. Je suis de la ville des marabouts, des pélerinages, de la violence sexuelle contenue. »

tiens pour citoyen algérien » – et décrire la ville par le détail : le jardin d'Essai « qui n'est pas un essai mais une réussite », Bab-el-Oued « comme un décor de théâtre dans une atmosphère d'étuve », la rue Mogador « la province », la rue d'Isly « le cœur de cette grande ville », le square Bresson où « les petits Juifs aux doigts bagués (comment peut-on n'être pas juif ?) vous poussent violemment les jambes si vous êtes assis », le cimetière El-Kettar « sans alignement, sans ordonnance et sans prétention », les « petits cinés de quartier, le Bijou, le Plateau, le Minor, l'Alfred-de-Musset... comme des rafiots courant au naufrage ».

LES PREMIERS MOUVEMENTS NATIONALISTES

Mais, centenaire ou pas, l'Algérie est en train de changer et Montherlant assiste à son évolution. Alors que Le Corbusier, appelé à Alger pour un plan d'urbanisme, propose de pulvériser la ville pour la

« Les petits cinés de quartiers, le Bijou, le Plateau, le Minor, l'Alfred-de-Musset, ont tangué toute l'après-midi sous les vagues de la pluie [...] Les avez-vous vus, ces petits cinés de quartier, quand on y embarque par une pluie battante, en corps de chemise (car il fait chaud, malgré la pluie), et que la pluie vous colle la chemise sur le torse [...] Le contrôleur, à l'entrée, serre toutes les mains, comme un « monsieur de la famille ». « Pourquoi tu lui as pas gardé le 32, à Mme Guigui ? Tu sais bien qu'elle veut toujours le 32. » Dans l'obscurité, on dialogue d'une extrémité à l'autre de la salle. « O Garcia ! Ta mère, elle cherche les clefs. – Oïe, oïe, oïe, si elle a pas les clefs, elle me tue ! » [...] Cependant sur l'écran passent des fantômes de films, la pellicule si usée que bientôt on ne reconnaît plus le héros du traître [...] »

Henry de Montherlant

Oran. Années 30. Jamais la capitale de l'Ouest algérien n'a célébré avec autant d'éclat sa joie de vivre. Pour le Centenaire, la municipalité rivalise d'audace et de festivités avec Alger, en organisant sa propre exposition coloniale. Ici, l'incontournable boulevard Séguin qui, après la guerre, sera rebaptisé Clémenceau.

« Oran est là, entre cette mosquée turque et sa forteresse ibérique, Oran avec ses saveurs de tabac maure et d'anis, ses quais parfumés de blé et de soleil, ses malaguenas désespérées, le pouls de sa vie voluptueuse. L'art hispano-mauresque prolongea ici ses dernières cadences. Pas une âme ne reste insensible au double appel de la mosquée et de Santa Cruz, sous ce ciel mobile, ce vent aigu, cette lumière qui, à grands éclats d'ombre et d'or, sculpte la vieille montagne espagnole. »

Jacques Berque

Place d'Armes, boulevard Seguin, rue d'Arzew, ce ne sont qu'hôtels, cafés, terrasses, magasins. L'hôtel Continental y occupe une position stratégique. Gide y a déjà séjourné, Montherlant lui succède, Emmanuel Roblès, l'enfant du pays qui consacrera à sa ville natale plusieurs ouvrages dont *Les Hauteurs de la ville*, n'a encore que seize ans.

« Oran. Ville extravagante […] Ville sans égale et facile avec son défilé de jeunes filles imparfaites et émouvantes, visage sans fard, incapables d'apprêter l'émotion […]

Café d'Apollon, chez Milo, petits bars, trams en forme de nacelles […]

Santa Cruz ciselée dans le roc, les montagnes, la mer plate, le vent violent et le soleil, les grandes grues et les rampes gigantesques qui gravissent le rocher de la ville, les trams, les ponts et les hangars – on sent bien pourtant qu'il y a là une grandeur. »

Albert Camus

Un faux air de ville thermale, c'est à Oran le Petit Vichy à l'heure des canotiers. Cette promenade ombragée avait été aménagée après que l'on a comblé l'ancien ravin Raz-el-Aïn qui coupait la ville en deux. En 1930, on y croise de vieux messieurs qui lisent leur journal, des dames en chapeau et des couples qui s'y sont donné rendez-vous. Quelques années plus tard, ce sera le paradis des enfants, des manèges et des marchands de gaufres.

En 1930, la ville d'Oran tourne ostensiblement le dos à la mer. Pour voir la baie, il faut encore en passer par la promenade de Létang qui ouvre sur la montagne de Santa Cruz. Là, écrit Jacques Berque « pas une âme ne reste insensible, sous ce ciel mobile, ce vent aigu, cette lumière qui, à grands éclats d'ombre et d'or, sculpte la vieille montagne espagnole ».

Mers el-Kébir.1930. En gapettes et costumes rayés, comme les personnages de *Pépé le Moko,* voici à l'heure de l'apéro les habitants de ce petit port oranais connu pour sa douceur de vivre et son… machisme. Ici, l'on s'interpelle, tantôt en espagnol et tantôt en italien mais peu de femmes fréquentent encore les rues.

reconstruire façon gratte-ciel, celle-ci s'organise d'elle-même en quartiers où chacun cohabite à distance : « Bab-el-Oued […] est un faubourg espagnol », écrit Montherlant, comme Belcourt où grandit le jeune Albert Camus ; le quartier Bab-Azoun marque le périmètre des Juifs ; les Italiens ont envahi les baraquements de la Marine que l'on va bientôt raser pour justement les en déloger et les refouler vers le Champ de Manœuvres ; la Casbah n'est plus le royaume des filles de joie et des mauvais garçons, mais une enclave exclusivement arabe où vit plus de la moitié de la population musulmane d'Alger.

« Alger est une ville moderne, mêlée et fondue avec une ville barbaresque, de sorte que sans transition vous passez d'une civilisation à une autre, que le contraste est immédiat et continuel, que sans sortir de chez soi, vous avez continuellement la sensation de participer aux derniers raffinements de la société occidentale comme dans les métropoles européennes, et, en même temps de plonger dans les couches profondes de civilisations périmées ou de barbarie », note Louis Bertrand.

L'embrasement anti-juif, la Grande Guerre, la crise de 1929, l'évolution galopante de la démographie musulmane, le jeu de la grande propriété coloniale et de la mécanisation qui éloigne les ouvriers agricoles et les jette vers la ville, ont redéfini l'Algérie française. L'apparition des premiers mouvements nationalistes algériens, L'Étoile nord-africaine de Messali Hadj, le parti des réformateurs incarné par

« Chaque année, aux beaux jours, nous allions, mes amis et moi, nous ébattre au pied de la Pointe-Blanche, dans la baie que le port d'aujourd'hui a gagnée. Le fort Sainte-Thérèse existait encore et marquait la limite des bassins. À ses pieds, une crique abritait des barques de plaisance et des lamparos à l'étrave orgueilleusement prolongée en une sorte de corne, comme un défi à la mer. Que d'heures à nager, à plonger, à glisser entre les amas de roches arrachées aux falaises, à descendre dans les entrailles d'une épave, celle d'un grand voilier italien qui avait pris feu avant la guerre et qu'on avait abîmé là. Nous allions explorer aussi l'autre versant de la Pointe où des couples, la nuit, venaient se baigner nus […] Si nous remontions vers la ville par ce versant, dit « la Cueva del Agua » (la Grotte de l'Eau), nous faisions halte à la source qui coulait, glacée, à mi-pente, sous l'avancée d'une roche, et nous mangions ces jeunes pousses de pourpier qu'Hermès avait recommandées à Ulysse pour se préserver des maléfices de Circé. Nous étions d'ailleurs, les Ulysses de ces rivages, des Ulysses adolescents avec la même curiosité intrépide pour les mystères du monde. »

Emmanuel Roblès

Ferhat Abbas et celui des ultras mené par les Oulémas a fait le reste. En Algérie, les festivités du Centenaire, qui seront suivies en 1831 par l'exposition coloniale organisée au bois de Vincennes, ont été ressenties par la population arabe comme une humiliation. « Les réalisations des Français sont évidentes, reconnaît Messali Hadj. Elles sautent aux yeux et il serait injuste de les nier. Mais si les Français ont fait beaucoup, ils l'ont fait surtout pour eux-mêmes. »

Hédoniste, épicurien, superficiel, ces adjectifs qualifient à l'époque l'œuvre algérienne d'Henry de Montherlant, auquel on reproche « d'avoir quelquefois plaisanté, pirouetté, de s'être tenu à la surface », sans jamais aborder les problèmes de fond que pose le pays. Paradoxalement, d'autres ne lui pardonnent pas d'avoir assombri les festivités coloniales, en écrivant dès 1930 : « Quitter la France sur l'affiche idyllique du Centenaire, où un colon enlace par l'épaule un vieil indigène, et que le premier geste français qu'on aperçoive en débarquant soit celui du Français giflant l'indigène, parce que celui-ci ne fait pas place assez vite, cela vous stoppe. » En 1936, le divorce entre Montherlant et l'Algérie est consommé.

« Il existe, écrit-il, une sorte de loi, qui veut que, lorsqu'un écrivain de valeur aime avec passion certain pays ou certain peuple, ce pays ou ce peuple lui réponde par de l'animosité. Et les siens ne l'ont pas reconnus. Les Hindous reprochent à Kipling d'avoir été superficiel en les décrivant. Loti est injurié par les Turcs, et Suarès par les Marseillais. Stendhal raconte qu'il lui arriva d'être battu froid par les Italiens. Chateaubriand irrita ceux de Venise, Byron offensait les riverains du lac de Garde, sans parvenir à comprendre en quoi.

« Je souhaite que cette loi ne fonctionne pas pour moi, bien qu'à vrai dire je ne croie guère pouvoir y échapper. »

Mostaganem fête le Centenaire avec éclat. La ville est en plein essor grâce à son port réaménagé de fond en comble depuis que des violentes tempêtes s'y sont abattues au début du siècle. Côté résultats, c'est une réussite, cent cinquante mille tonnes de marchandises y transitent désormais. Côte population, la ville est doublement à la fête : les Tirailleurs algériens, ces soldats indigènes qui sont de tous les défilés officiels, sont en partie basés à Mostaganem.

« Mascara, c'est étymologiquement, la mère, la faiseuse de soldats. Elle est maîtresse d'âpreté. Elle induit à la croisade, à la grande aventure. » Cette définition de Jacques Berque trouve son point d'orgue en 1930 quand la petite localité oranaise impose la qualité de son vignoble. Présenté lors de toutes les expositions coloniales, le vin de Mascara fera connaître cette ville de vingt-cinq mille habitants qui avait su, astucieusement, faire de son nom un label.

Des frondaisons comme nulle part ailleurs, c'est Tlemcen avec ses oliviers centenaires, ses caroubiers, et ses térébinthes même en pleine ville, Tlemcen « la ville sainte » où les édifices arabo-berbères sont si nombreux que certains, comme ici la mosquée Sidi Bel Hassan, ont été transformés en musées, voire en syndicat d'initiative. « Nous sommes ici en pleine légende », écrit Georges Marçais. À Tlemcen où les communautés juives et musulmanes conservent leur originalité, on joue à fond la tradition...

“*C'est un délice de respirer Tlemcen.*

Son nom est déjà volupté. Commencé sur une dure consonne, il fuit indéfiniment sur les lèvres. Il évoque la ville inoubliable, la « perle du Maghreb », le pur diamant de l'art maghrébin.

Dans le train parti d'Oran, le voyageur guette Tlemcen. Que de méandres ! [...]

Que ce voyage est lent à notre impatience ! Décidément, Tlemcen se refuse. À chaque tournant de la voie, on croit la saisir, elle s'évade. Coquette, elle se rapproche, s'enfuit soudain. Puis, c'est la nuit, la série des tunnels. À la sortie du dernier, quelle éclatante trouée de lumière ! Enfin cette fois, c'est Tlemcen. Pour en retenir l'image, on ferme doucement les yeux.

Car elle est de grâce inoubliable, de ligne onduleuse et charnue [...] Tlemcen est toute féminité. Nonchalante, elle s'appuie à l'épaule des collines. Ses hanches harmonieuses ont de lentes inflexions. Alanguie, enlaçante, s'étirant mollement sous le soleil, elle respire à longs flots la douceur de vivre.”

Jacques Berque

À Sidi-Bel-Abbès, les fastes du Centenaire de l'Algérie s'effacent derrière ceux prévus l'année suivante pour commémorer l'anniversaire de la Légion étrangère. Ce corps crée le 9 mars 1831 par ordonnance royale est devenu un mythe qu'exploitent le cinéma et la chanson. Gabin à l'écran, Fréhel sur scène lui donnent ses lettres de noblesse. Les années 30 font de ce soldat désenchanté un héros populaire. Pour mémoire : la Légion étrangère était également basée à Saïda.

HOTEL D

Constantine, en 1930, s'éveille à la modernité, mais dans le quartier arabe, les ruelles étroites et insalubres ont désormais du mal à contenir l'explosion démographique. Particularité, les musulmans portent des voiles noirs, turbans pour les hommes, haïks pour les femmes.

Philippeville, créée par la volonté des hommes 90 ans plus tôt, est en 1930 la ville la plus française du Constantinois par sa population. Avec un petit côté provençal sensible aux abords du port, avec un aspect colonial accentué par ses arcades, ses escaliers et ses colonnades, il ne lui manquait plus au moment du Centenaire qu'un théâtre. Il fut construit à cette occasion.

Bône. « Voir le cimetière et mourir », disait un proverbe. En dehors de son site, le grand charme de la ville, c'était sa douceur à l'italienne, ses promenades plantées de ficus, ses rues où se croisaient encore au moment du Centenaire calèches, automobiles et vélos, sa population réputée être une des plus rieuses d'Algérie et une des plus fières aussi. En quelques années, le commerce portuaire avait pris ici son envol. Bône était devenue un grand port exportateur de phosphates, de minerai de fer, de produits forestiers, de chevaux et de bêtes à cornes.

C'est dans les années 30 que se développe en Algérie le tourisme automobile. Organisé par la Compagnie générale Transatlantique, il propose des circuits d'Alger à Laghouat, le Figuig, Biskra et Touggourt. Ceux qui veulent continuer plus loin doivent poursuivre en caravanes, à dos de cheval, de mulet ou de chameau. À l'occasion de ces randonnées, la compagnie Transatlantique organise des parties de chasse que l'on n'appelle pas encore des safaris. Mais même dans le département de Constantine, le sanglier, le lynx et chat-tigre ont partout remplacé le lion et la panthère.

« Chotts prestigieux lisérés de mirages. Du haut d'une colline sablonneuse, après l'immense étendue du désert, on pense : « Tiens, la mer ! ». Une vaste mer bleue avec des esquifs et des îles, une mer qu'on imagine profonde, et notre âme en est rafraîchie. On approche, on touche le bord, et ce bleu brusquement disparaît, qui n'était qu'un reflet du ciel sur une blanche croûte salée, brûlante aux pieds, douloureuse aux regards, splendide d'éblouissements ; qui cède sous les pas, fragile, car ce n'est rien que la mince surface d'une mer de mouvante boue où s'engloutissent les caravanes. »

André Gide

In-Salah 1930, déroge à la règle de la prospérité française. Cette petite ville située à l'extrême bout de la Hamada, un immense plateau couvert de pierres noires et entrecoupé de bandes de palmiers a certes été rebâtie dans un style néo-soudanais, maisons en argile rouge, baraquements officiels peints en blanc, mais la population ne se nourrit que de quelques dattes sèches, d'un peu de grain et de lait de chèvre. Ici, le tourisme n'a pas pris. Trop loin, trop désolé.

«Salut, matin plein de sourires », écrit Gabriel Audisio en 1935, célébrant ainsi la beauté d'Alger qui n'en finit pas de séduire. Après les voyageurs, les touristes, les peintres et les photographes venus d'ailleurs, ce sont des écrivains nés en Algérie qui vont prendre la relève et exalter, à leur tour, la splendeur du pays. « Les hommes, dit Camus trouvent ici pendant leur jeunesse une vie à la mesure de leur beauté. »

CHAPITRE VIII

L'Algérie de Camus

SPECIALITE
D'UNIFORMES
CULOTTES
DE CHEVAL
DE KEPIS
Assuion

Faut-il y voir une relation de cause à effet ? C'est au moment où s'amorce en Algérie, avec les premiers mouvements nationalistes, le déclin de l'empire colonial, que des écrivains s'unissent pour magnifier la beauté du pays, comme pris d'une nostalgie anticipée. « S'il est vrai que les seuls paradis sont ceux qu'on a perdus, je sais comment nommer ce quelque chose de tendre et d'inhumain qui m'habite aujourd'hui », écrit en 1938 Albert Camus. Il a vingt-cinq ans.

On l'a vu, dès le début du siècle, l'Algérianisme avait ouvert le tracé d'une littérature spécifique et laudative. Or, voici qu'à partir de 1937, l'École d'Alger lui succède sous l'impulsion d'Albert Camus justement, du libraire Edmond Charlot et de quelques autres, Claude de Fréminville, Emmanuel Roblès, Jean Grenier, Max-Pol Fouchet, Jules Roy... Avec la création de la revue *Rivages,* ces hommes à peine entrés dans l'âge adulte, natifs pour la plupart du pays, mais pas tous, entendent définir le rôle d'une nouvelle

Alger-centre, c'est square Bresson qu'on appelle aussi square de la République et square de l'Opéra. C'est encore place d'Isly où l'on se donne rendez-vous devant la statue de Bugeaud. À l'angle de la rue d'Isly, le *Novelty* existe déjà et fait face à un fabricant d'uniformes. Les rues sont presque désertes, peu de voitures, juste une Dyna-Panhard. Peut-être, ce jour-là, le sirocco soufflait-il sur Alger, « si chaud si lourd qu'on ne pouvait penser à rien d'autre », comme l'a écrit l'Algérois Jean Pélégri ?

Alger, la Casbah. Avec ses ruelles étroites, ses rues enchevêtrées, ses maisons closes et ses échoppes, la vieille citadelle fait les beaux jours du cinéma et de la littérature. Les Algérois – dont Albert Camus – viennent y prendre le frais à l'ombre du minuscule cimetière des Princesses.

« Que de soirs passés dans cette Kasbah, que de matins ! […] Assis au café Fromentin, au carrefour de Mohammed Chériff et de la rue Kléber, j'ai souvent regardé dévaler cette suite d'hommes, de femmes et d'enfants allant à leur travail ou à leur plaisir, à la fontaine ou à la prière ; beaucoup silencieux, graves et recueillis ; d'autres plus présents aux choses. Et tous évoluaient comme le chœur des drames antiques […] Mais le vide que je sentais si souvent en moi, à la Kasbah, il me suffisait de lever les yeux vers le ciel pour le sentir comblé. Celui qui n'est pas poète, qu'il vive dans un pays où la Nature est un chant ; celui qui vit sans espoir, qu'il demeure là où on n'a besoin d'aucun espoir ; celui qui s'agite et s'inquiète, qu'il vienne ici pour régler les battements de son cœur sur le rythme léger des pieds nus d'un enfant. »

Jean Grenier

« Et d'abord la jeunesse y est belle. Les Arabes, naturellement et puis les autres. Les Français d'Algérie sont une race bâtarde, faite de mélanges imprévus. Espagnols et Alsaciens, Italiens, Maltais, Juifs, Grecs enfin s'y sont rencontrés. Ces croisements brutaux ont donné, comme en Amérique, d'heureux résultats. En vous promenant dans Alger, regardez les poignets des femmes et des jeunes hommes et puis pensez à ceux que vous rencontrez dans le métro parisien.

Le voyageur encore jeune s'apercevra aussi que les femmes y sont belles. Le meilleur endroit pour s'en aviser est la terrasse du Café des Facultés, rue Michelet, à Alger, a condition de s'y tenir un dimanche matin au mois d'avril. »

Albert Camus

culture méditerranéenne. C'est Camus lui-même qui en dégage les grandes lignes lors d'une conférence qu'il donnera le 8 février 1837 à la maison de la culture d'Alger.

Certes, l'Algérie comme la France métropolitaine vit des moments difficiles avec l'échec du Front populaire, le spectre de la guerre, la crise économique et la grève générale auxquels s'ajoutent ici, après de terribles inondations, une année de sécheresse et de famine. « On ne doit pas mourir de faim sous le drapeau français », titre *La Dépêche algérienne,* la voix des nationalistes musulmans. Dans les campagnes pourtant, on ne compte plus les champs calcinés et l'exode de familles entières, femmes et enfants en guenilles le long des routes. Dans les cités, les bidonvilles se multiplient avec leur cohorte de mendiants et d'éclopés. La teigne, le typhus et la diphtérie ravagent les bas-fonds, on murmure que la peste est de retour. En 1934, une grave émeute éclate dans le quartier juif de Constantine dont on ne sait si elle est motivée par l'antisémitisme ou par la faim. Elle fait vingt-trois morts. À Oran, le parti d'extrême droite gagne les élections, et le sud-ouest de la ville devient un ghetto arabe, on l'appelle « le village nègre ». Alger attire les paysans du bled : la rue de Lyon, où habite le jeune Albert Camus, sépare le centre-ville européen du quartier arabe du Marabout, où s'entassent ces nouveaux sans-abris. En Kabylie, c'est pire.

La France métropolitaine ignore-t-elle cette misère ou se laisse-t-elle mystifier par une Algérie de cocagne ? Les Français d'Algérie, on ne dit pas encore les Pieds-Noirs, ont-ils conscience de vivre les derniers beaux jours d'un pays au bord de la révolte ? Amour de vivre, *alégria,* tout leur est plaisir, la lumière éclatante, les fenêtres ouvertes sur l'azur, la parade des rues, les plages assommées de chaleur, les femmes aux bras nus. « Ce pays est sans leçon, écrit Camus. Il ne promet ni ne fait entrevoir. Il se contente de donner, mais à profusion. Il est tout entier lié aux yeux et on le connaît dès l'instant où on en jouit. »

LA MER, LE SOLEIL ET LES FILLES

De fait, le quotidien là-bas, c'est d'abord les copains et le soleil, les bistrots et la plage, tous les jours à midi, et le soir l'anisette et un coup de soubressade dans un bistrot de la Marine. Une rencontre boulevard de la République ou rue Michelet et l'occasion fait les larrons : on s'attable, on parle filles et foot, on a vingt ans et l'équipe du RUA[1] a mis la pâtée à l'Élan de Bab-el-Oued. « Les hommes, écrit à l'époque Albert Camus dans l'un de ses tout premiers essais, trouvent ici pendant toute leur jeunesse une vie à la mesure de leur beauté [...] À Alger, pour qui est jeune et vivant, tout est prétexte à triomphes : la baie, le soleil, les jeux en rouge et blanc des terrasses vers la mer, les fleurs et les stades, les filles aux jambes fraîches. »

Albert Camus, même s'il est officiellement né à Mondovi dans le Constantinois, est un Algérois pur-sang. Élevé par sa mère à Belcourt, un quartier populaire, peuplé de petits employés, d'artisans et d'ouvriers, il grandit dans la précarité, à six dans trois pièces, avec une grand-mère à la main leste et deux oncles tonneliers, dont l'un est sourd-muet. De son enfance, entre l'école de la rue Aumerat et les parties de ballon dans les rues, il garde pourtant un souvenir ébloui.

« Ensuite, ils filaient vers la plage. Un établissement de bains offrait ses cabines, et les jours de fête, sa salle, une grande boîte en bois montée sur pilotis, pour danser. Tous les jours à la saison, un marchand de frites activait son fourneau. » Le soleil, le sable, le sport, la danse ont fait intimement partie de la jeunesse d'Albert Camus. Impossible pour un Algérois de ne pas se reconnaître dans cette citation tirée du *Premier homme.* En photo : les abords d'Alger vers Pointe-Pescade et Fouka-plage.

« Cette année-là, nous avions passé une partie de l'été, jusqu'aux vendanges, à Fort-de-l'Eau.

J'aurais de beaucoup préféré passer les vacances à la ferme [...] Pourtant, c'est là, dans cette station balnéaire de la baie d'Alger, que j'ai commencé à aimer la mer. Mais j'étais encore trop jeune. Pour l'aimer vraiment, il faut l'adolescence, et son besoin d'îles et d'exil. Son besoin de jeunes filles. Aussi ne deviendrait-elle mon amie que plus tard [...]

Ce qui me dépaysait alors, c'était le casino. Il était construit, comme l'hôtel qui lui faisait face, sur le modèle du casino de Monte-Carlo, avec escaliers monumentaux, porches, rotondes vitrées, coupoles. Le soir, à l'heure de l'apéritif, je contemplais avec émerveillement les pelouses du parc, si vertes pour un œil algérien, et que les lampadaires teintaient de couleurs féeriques. »

Jean Pélégri

Tipasa. Dans les années 40, les ruines de cette petite cité phocéenne, puis romaine, située à 70 km d'Alger, n'avaient pas été toutes mises à jour. Un nouveau chantier archéologique sera entrepris dans les années 50.

Comme tous les enfants défavorisés du quartier, Albert Camus apprend à nager, de vieilles chambres à air autour du ventre, sur l'étroite jetée de l'Arsenal qui longe la route moutonnière.

Au lycée Bugeaud de Bab-el-Oued où il fait ses études secondaires, Albert Camus rencontre Max-Pol Fouchet[2] qui deviendra poète et Claude de Fréminville que l'on connaîtra plus tard journaliste à Europe n°1 sous le nom de Claude Terrien. Amis d'enfance, amis toujours, devenus adultes ils entourent encore leur ancien professeur de philosophie, Jean Grenier, leur ami, leur maître, un *patos*[3] de trente-deux ans qui a déjà publié plusieurs articles dans *La Nouvelle Revue française* et dont le premier livre, *Les Îles*, vient de paraître. Quand les copains d'abord ne s'essaient pas au théâtre amateur, quand ils vont pas danser aux Bains Padovani, quand ils n'écument pas les cinémas à trois francs, ils se retrouvent chez Edmond Charlot, un libraire de vingt-deux ans dont la boutique, rue Charras, à l'enseigne des *Vraies Richesses*, est devenu leur QG. L'Oranais Emmanuel Roblès[4] y passe quelquefois, comme l'ancien séminariste

> « *Au printemps, Tipasa est habitée par les dieux et les dieux parlent dans le soleil et l'odeur des absinthes, la mer cuirassée d'argent, le ciel bleu écru, les ruines couvertes de fleurs et la lumière à gros bouillons dans les amas de pierres. À certaines heures, la campagne est noire de soleil. Les yeux tentent vainement de saisir autre chose que des gouttes de lumière et de couleurs qui tremblent au bord des cils. L'odeur volumineuse des plantes aromatiques racle la gorge et suffoque dans la chaleur énorme.* »
>
> Albert Camus

Jules Roy[5] ou Jean Pélégri[6], né à Rovigo dans une famille de riches propriétaires terriens. Claude-Maurice Robert, leur aîné à tous, qui en 1934 a reçu le Grand Prix littéraire de l'Algérie pour son livre *L'Envoûtement du Sud*, leur en impose. C'est un ami d'André Gide, leur idole à tous, qu'il a hébergé chez lui à Laghouat. Le leader de la bande, c'est Gabriel Audisio, la grande figure de l'Algérianisme qui s'occupe désormais de l'OFALAC, l'office algérien du tourisme.

LA CASBAH DES MAUVAIS GARÇONS

Le tourisme, parlons-en. L'Algérie ne s'est toujours pas débarrassée de son imaginaire de carton-pâte. En 1921, le réalisateur Jacques Feyder a déjà tourné à Touggourt *L'Atlantide,* tiré du roman de Pierre Benoît. « Il y a un grand acteur dans ce film, c'est le sable », écrit Louis Delluc à sa sortie. En 1937, Paul Morand, « l'homme pressé » qui séjourne en Algérie, dénonce le folklore désormais organisé qui y règne. « Des moucharabiehs, des fenêtres en attrape-mouches, des balcons compliqués comme des serrures, il n'y en a plus guère aujourd'hui… ; le vieil Alger, c'est chez des antiquaires de la rue Victor-Massé qu'il est venu mourir ! » Cette même année-là, Julien Duvivier tourne *Pépé le Moko* dans une Casbah filmée façon mauvais garçons et maisons closes, spectaculaire à souhait mais revue et corrigée à l'exotique. Car c'est justement dans ces venelles prétendues borgnes que Camus et ses amis ont pris l'habitude de se retrouver en toute quiétude. Ensemble, on prend le frais dans le petit cimetière des Princesses, si solitaire, si ombragé, ignoré des touristes ; on joue à la *ronda*[7] ou au *tchick-tchick*[8] dans l'arrière-salle du Café Fromentin, on partage un couscous chez Lamine-Debaghine, rue de la Marine, puis on rend visite à Sauveur Galliano, le vrai *Pépé le Moko* qui inspirera aussi à Camus le personnage de Meursault dans *L'Étranger.*

« *À Oran, un « sufoco » est un affront. Un sufuco ne se supporte pas. Il se répare et tout de suite. Les Oranais ont le sang chaud.* »

Albert Camus

Ce peintre sicilien, l'un des rares Européens à vivre dans la vieille citadelle arabe, ne porte ni burnous, ni chéchia, ni babouche de composition mais de longs cheveux, un short, des espadrilles. Alger, en ces temps-là, est de fait une ville magnifique qui justifie à elle seule le bonheur d'y vivre. « Lorsque des hauteurs d'Hydra je descendais à pied par la colonne Voirol, le Palais d'été, le parc de Galland et que je suivais ensuite le quai depuis l'hôtel Aletti, je marchais dans la

Lorsque Albert Camus vient vivre en 1940 à Oran, où sont nés sa femme Francine Faure et son ami Claude de Fréminville, la place d'Armes et le boulevard Séguin sont l'épicentre de cette grande cité où dit-on, il fait bon vivre. L'Hôtel Martinez, les brasseries La Pergola et Le Marignan sont des lieux de rendez-vous incontournables. La promenade apéritive mène parfois jusqu'au boulevard Gallieni, mais rarement plus loin.

❝ *Dans cette bruyante fourmilière d'Oran, où que l'on aille, il est un lieu qui vous accompagne, c'est la colline du Planteur et plus haut, Santa-Cruz. Et alors même qu'on souffrirait de cette solitude qu'imposent les grandes villes, on se sent rattaché à cette colline par une amitié. Souvent sur la promenade de Létang, je me trouvais réconforté par la lumineuse présence de cette barque renversée à la proue de laquelle s'était fixé un coquillage […] J'y suis monté quelquefois […] Je me rappelle surtout d'un jour. Je montais et à mesure que je montais, l'horizon reculait, le ciel se creusait, je découvrais la ville et la mer et le lac et la montagne de Tlemcen. Ce tas de monnaies blanches jetées au hasard, c'est Oran; cette tache d'encre violette, c'est la Méditerranée; cette poussière d'or sur un miroir d'argent, c'est le sel de la plaine à travers le soleil […] C'est comme un espace qui s'ouvre de plus en plus large devant nous, et que baigne plus de lumière, toujours plus de lumière.* ❞

Jean Grenier

La maison du colon à Oran. « Elle exprime à la fois une métaphysique, une morale et une esthétique [...] Curieuse mosaïque, on ne sait pourquoi de style byzantin où tout un cortège d'esclaves vêtus à l'antique se presse vers un gracieux colon à casque colonial et à nœud papillon. » Émotion pour saluer Alger, humour pour décrire Oran : Albert Camus attisa longtemps par ses propos la querelle entre les deux villes.

« L'automne à Oran est la saison claire, plus claire que le printemps toujours traversé de nuages. La lumière s'accorde alors à l'âpreté des collines et des falaises. Éteints, les vastes incendies de l'été. Le ciel n'est plus qu'une seule dalle d'un bleu laiteux qui, le soir, vire tout entier au vert. [...] Aux jours de réjouissance, sur la grand-place de terre battue entourée d'échoppes, de boutiques, de cafés, de bains maures, nous déambulions entre les groupes d'acrobates marocains, de conteurs, de barbiers-arracheurs de dents, de montreurs de singes, de charmeurs de serpents, de marchands d'épices dont les éventaires parfumaient le soleil. Nous allions, de la même manière, au quartier juif, derrière le théâtre, quartier tout aussi pauvre et tout aussi gai cependant, comme si la pauvreté n'excluait jamais la joie de vivre. Dans la rue principale se tenait un marché permanent d'étoffes, de bonneterie, d'ustensiles de ménage et aussi de fruits et de légumes. Ici, nous chapardions, et toujours les mêmes produits, des oranges, des dattes, des bananes, des mandarines. »

Emmanuel Roblès

« Au vrai, c'est bien une querelle qu'ils vont vider. Mais il s'agit de celle qui, depuis cent ans, divise mortellement Alger et Oran. Avec un peu de recul dans les siècles, ces deux villes nord-africaines se seraient déjà saignées à blanc, comme le firent Pise et Florence en des temps plus heureux. Leur rivalité est d'autant plus forte qu'elle ne tient sans doute à rien. Ayant toutes les raisons de s'aimer, elles se détestent en proportion. Les Oranais accusent les Algérois de « chiqué ». Les Algérois laissent entendre que les Oranais n'ont pas l'usage du monde. Ce sont là des injures plus sanglantes qu'il n'apparaît parce qu'elles sont métaphysiques. Et faute de pouvoir s'assiéger, Oran et Alger se rejoignent, luttent et s'injurient sur le terrain du sport, des statistiques et des grands travaux. »

Albert Camus

gloire du soleil levant [...] et j'éprouvais une vraie joie, celle dont on ne peut pas dire de quoi elle est faite, sinon d'un accord dont on n'a pas conscience entre soi et tout ce qui vous entoure », écrit Jean Grenier.

Une fois de plus, la ville s'est étendue et s'est embellie au détriment de l'insalubrité. Une partie du quartier de la Marine a été détruite pour construire des immeubles sociaux, reste la Pêcherie devenue le royaume des bistrots, des

Comme Jean Grenier, les Oranais étaient très attachés à Notre-Dame de Santa Cruz, leur sainte patronne. Une fois par an, ils se rendaient en pèlerinage à sa basilique, certains même à genoux.

« Oran a aussi ses déserts de sable : ses plages. Celles qu'on rencontre, tout près des portes ne sont solitaires qu'en hiver et au printemps. Ce sont alors des plateaux couverts d'asphodèles, peuplés de petites villas nues, au milieu des fleurs. La mer gronde, un peu, en contrebas… » Dans les années 40, on ne pousse pas encore très loin sur la corniche oranaise. Comme Albert Camus, on va se baigner au plus près, à Mers el-Kébir ou à Aïn-El-Turck.

“Sur ces plages d’Oranie, tous les matins d’été ont l’air d’être les premiers du monde. Tous les crépuscules semblent être les derniers, agonies solennelles annoncées au coucher du soleil par une dernière lumière qui fonce toutes les teintes. La mer est outremer, la route couleur de sang caillé, la plage jaune. Tout disparaît avec le soleil vert ; une heure plus tard, les dunes ruissellent de lune. Ce sont alors des nuits sans mesure sous une pluie d’étoiles. Des orages les traversent parfois, et les éclairs coulent le long des dunes, pâlissent le ciel, mettent sur le sable et dans les yeux des lueurs orangées. Mais ceci ne peut se partager. Il faut l’avoir vécu.”

Albert Camus

C'est au cours d'un reportage qu'il effectue, en 1939, pour *Alger Républicain* **qu'Albert Camus découvre la misère de la Kabylie où la moitié de la population meure de faim. « La Kabylie, écrit-il, a trop d'habitants et pas assez de blé. » Déjà, l'exode a commencé, les paysans quittent la campagne pour les villes vite surpeuplées.**

« Le car avait pris la direction de la montagne, avec la grande vitesse. Il s'était arrêté dans chaque village. À mesure qu'il avançait, on voyait de plus en plus d'Arabes. Sur les trottoirs, contre les murs, ils étaient assis à rien faire, regardant celui qui monte ou qui descend du car, ou encore celui bien assis dans le fauteuil […] D'autres posés par terre comme des sacs, dormaient à l'ombre, contre le mur ou sous l'arbre […] « Rôule » […] Le car est sorti du village. Il est passé par le grand pont, au-dessus de l'oued où il n'y a que les cailloux et les arbres-lauriers […] La montagne maintenant était tout près. La petite, d'abord, avec des figuiers à droite et à gauche, dans le champ un peu jaune qui fait penser, à cause des morceaux de tiges de blé qui restent, à la brosse-chiendent […] La deuxième, derrière, avec les petits arbres-buissons pour les chèvres […] et au fond la dernière, la grande, un peu noire, un peu bleue et d'où toute l'eau descend – la vraie montagne – djebel avec le grand rocher en haut dans le ciel. La Grande Pierre arabe avec ses coupants. »

Jean Pélégri

> *Je suis né à trente kilomètres au sud d'Alger, le 22 octobre 1907, à six heures du soir, dans un petit village de colonisation qui porte le nom d'une victoire du Premier Empire : Rovigo [...] Mon origine profonde s'enracine à quelques kilomètres de là, à Sidi-Moussa, un autre village de colonisation construit sur un carrefour de routes, avec son église minuscule, son bistrot, son école, sa poste, ses maisons en tuiles rondes et ses gourbis [...] Le cimetière qui ressemblait autrefois à un navire immobile, mouillé à quelque distance des maisons avec les mâts de ses cyprès, est maintenant cerné de toute part par les charpentes métalliques. Le stade y est adossé et, le dimanche, quand un but est marqué, la clameur : « Y est ! » jaillit sur les tombes comme un embrun.*
>
> Jules Roy

kémias et des brochettes. Les petites plages du bord de mer, dont les Bains de l'Agha et ceux des Abattoirs, ont été rasées pour faire place à des docks et à des entrepôts.

LES ROIS D'ALGER

On se baigne désormais du côté de Bab-el-Oued, aux Bains Nelson, le rendez-vous des élégants, aux Bains Matarèse qui accueillent employés et fonctionnaires. La route moutonnière a gardé son nom mais les troupeaux n'y transitent plus. Elle sert désormais de voie de dégagement aux camions qui traversent la ville depuis que le centre s'est déplacé de la place du Gouvernement vers le tout nouveau bâtiment du Gouvernement général. Au départ du carrefour de l'Agha, les tramways assurent les liaisons vers les faubourgs de plus en plus étendus, et l'horloge de la Grande Poste rythme les rendez-vous. Sous les facultés, au début de la rue Michelet, des boutiques, des restaurants et des terrasses ont surgi comme par magie, les étudiants en ont fait leurs fiefs.

Avec l'immobilier, le trafic portuaire est désormais la grande affaire d'Alger. Il a pour magnat Laurent Schiaffino, dit Laurent le Magnifique, un des « cent seigneurs de la colonisation », principal actionnaire de la Société des transports maritimes. Les autres « rois d'Alger » s'appellent Henri Borgeaud qui exploite l'ancienne Trappe de Staouéli, mille deux cents hectares d'agrumes et de vignes ; Georges Blachette, qui a obtenu la concession exclusive de l'alfa algérien ou encore Jacques Duroux, le minotier propriétaire de *L'Écho d'Alger* auquel *Alger républicain* de Pascal Pia et Albert Camus s'apprête à faire concurrence.

Car bientôt les petits gars de Bab-el-Oued vont connaître des jours moins heureux. L'effervescence musulmane gagne la Casbah et prend la relève des défilés européens en faveur du Front populaire ou de la guerre civile espagnole. Le premier Congrès musulman se tient à Alger le 6 juin 1936. Il est suivi le 2 août d'un grand rassemblement populaire au cours duquel Messali Hadj, le fondateur de L'Étoile nord-africaine, le père du nationalisme algérien, est acclamé.

En Europe, l'idéologie allemande fait entrevoir la guerre. C'en est fini de l'École d'Alger et d'un rêve de fraternité, d'harmonie et de justice. « Pour créer la beauté, l'homme doit en même temps, refuser le réel et exalter certains de ses aspects. L'art conteste le réel mais ne se dérobe pas à lui. » Albert Camus et ses amis vont, à trente ans, devenir des combattants « avec la certitude du cœur mais pas pour autant sa gaîté ».

Ci-contre : **Tizi Ouzou.**

Dès la fin du XIXe siècle, le port de Bône est un des plus actifs d'Algérie. C'est que, parfaitement abrité contre les vents, il est aussi un des plus faciles d'accès. Pour répondre aux nécessités nouvelles, des travaux importants y ont été entrepris, nouveaux quais, nouvelle cale de halage, nouvelle jetée dite du Lion. Un tunnel le met désormais en liaison directe avec le cours National, la principale artère de la ville, où les compagnies de navigation ont leurs sièges.

Depuis 1900, la ville de Constantine qui avait fait un tabac au XIXe siècle était tombée en désamour avec les écrivains. Albert Camus et l'école d'Alger, qui redécouvrent sa singularité, vont contribuer à la relancer. Jean Grenier écrit : « Ces paysages sans pitié boivent l'homme comme la première heure du soleil boit la rosée… » Il pourra répéter la parole du mystique : « J'ai joué à me perdre et je me suis gagné. »

Constantine n'attire pas que les écrivains. Voilà que les alpinistes et les amateurs de varappe s'y intéressent à leur tour. Encordés, quelques touristes européens bravent pour la première fois les rochers qui surmontent le Rummel, sous les yeux à peine intéressés des passants musulmans.

« Pour le pittoresque, Alger offre une ville arabe. Oran un village nègre et un quartier espagnol, Constantine un quartier juif. Alger a un long collier de boulevards sur la mer; il faut s'y promener la nuit. Oran a peu d'arbres, mais les plus belles pierres du monde. Constantine a un pont suspendu où l'on se fait photographier. Les jours de grand vent, le pont se balance au-dessus des gorges profondes du Rummel et on a le sentiment du danger. »

Albert Camus

Ci-contre. **La chaîne forestière des Bibans, entre Bordj-Bou-Arréridj et Sétif.**
Ci-dessus et pages suivantes. **La forêt de pierres, sur la route de Djelfa, quand la steppe envahit soudain le relief incertain. « Le Sud peut décevoir le voyageur, écrit Jean Grenier. Il voyage en effet pour voir quelque chose, du sable par exemple, et des oasis. On attendait des dunes… ; et que trouve-t-on ? Des cailloux, des plateaux monotones, toujours des pierres. »**

« Non loin d'Ighil Ali, dans la chaîne des Bibans, au nord d'un bourg pouilleux vaguement érigé en forteresse, Bordj Boni, il y a, au bout d'un chemin qui longe un ravin presque inaccessible, quelques maisons crénelées en équilibre sur des escarpements. Au sommet de ce piton, l'eau ruisselle de partout. Il y a même une école coranique, et naturellement une djamaa, c'est-à-dire une mosquée avec lieu de palabres d'où l'on voit loin. C'est l'ancien repaire de Mokrani, le chef des Beni Abbès qui leva l'étendard de la révolte contre la France en 1871. La carte d'état-major au cinquante millième n'est pas facile à déchiffrer. Le relief est si tourmenté, les courbes du nivellement sont si serrées, les noms de lieux si difficiles à lire, il y a tant de sources, tant de gourbis, d'oueds, de monts, de marabouts, de rigoles même – car tout est noté –, qu'on s'y perd. C'est le domaine des sangliers, des chèvres, des lièvres, des fouines, du vent, de Dieu aussi. »

Jules Roy

Notes

CHAPITRE 1

1. L'auteur de *Don Quichotte*, qui avait perdu un bras à la bataille de Lépante, avait été fait prisonnier par les pirates barbaresques et emprisonné pendant cinq ans à Alger, dans le Bjordd-el-Hassan devenu plus tard Fort-Lempereur. En 1575, il avait été hébergé à Oran par le gouverneur de la ville, Don Martin de Cordoue, qui avait été son camarade de captivité.
2. Sur la façade de l'opéra d'Alger, square Bresson, une plaque rappelait que l'auteur du *Légataire universel* avait été esclave à Alger du temps des Barbaresques.
3. Géographe arabe, né à Grenade en 1483, auteur d'une *Description de l'Afrique.*
4. Métis de Turc et de femme algérienne.
5. Originaire de Laghouat.
6. Nomade à la peau foncée, originaire de la région de Biskra.
7. Entrepôt de marchandises qui fait office d'épicerie et de restaurant.
8. Le corsaire surnommé Barberousse était le fils d'un potier de Métylène qui se vendait au plus offrant. En 1518, il s'était rendu maître d'Alger pour le compte des Turcs.
9. Petit-fils de Malesherbes, historien et préfet sous la Restauration, Alexis de Tocqueville avait étudié aux États-Unis le système pénitentiaire américain et en était revenu avec un ouvrage qui fit référence, *De la démocratie en Amérique.* Membre et rapporteur d'une commission sur l'Afrique, il fait deux voyages en Algérie, le premier au printemps 1841, le second d'octobre à décembre 1846, et projette de s'y installer. Son *Mémoire sur la colonie* et sa correspondance d'Alger paraissent en librairie en 1861.
10. Victor Hugo n'est jamais allé en Algérie.
11. De façon générale, nous avons laissé, dans les citations reproduites ici l'orthographe utilisée par les auteurs. Elle peut différencier d'un passage à l'autre en fonction de l'époque. Il est de même courant que, simultanément, certains noms tirés de l'arabe soient diversement retranscrits. Exemples : Casauba, Casbah ou Kasbah, Kouskoussous, Kouskous ou Couscous...

CHAPITRE 2

1. Le futur ministre de la Guerre, qui organisera le coup d'État du 2 décembre 1851 puis s'illustrera contre les Russes pendant la guerre de Crimée, fait ses premières armes en Algérie. Ses *Lettres écrites pendant la campagne d'Afrique* paraîtront en 1855.
2. Le fils aîné de Louis-Philippe, prétendant au trône de France, avait fait ses premières armes dans les hussards en participant au siège d'Anvers. En Algérie, il prend part en 1835 à l'expédition de Mascara puis s'illustre en 1839 dans l'opération des Portes de Fer. En 1840, il enlève le col de Mouzaïa et ouvre la porte de Médéa. Il meurt le 13 juillet 1842, à l'âge de trente-deux ans, dans un accident de calèche près de la porte Maillot, à Neuilly. Trois ans plus tard, sa statue équestre est érigée place du Gouvernement, à Alger. Ses *Campagnes de l'armée d'Afrique* seront publiées par ses fils en 1870.
3. Journaliste et écrivain catholique, Louis Veuillot fait partie des observateurs qui accompagnent le général Bugeaud en Algérie. Il suit notamment un convoi militaire qui relie Boufarik à Médéa, via Blida. Ses articles réunis dans un livre paraîtront sous le titre *Les Français en Algérie, souvenir d'un voyage fait en 1841.*

CHAPITRE 3

1. Originaires de Port-Mahon, aux Baléares.
2. Théophile Gautier est très célèbre notamment grâce à son roman *Mademoiselle de Maupin* et à ses *Contes* où l'Orient est déjà présent lorsqu'il entreprend un premier voyage en Algérie pendant l'été 1845. Accompagné de son secrétaire Noël Parfait, un ancien apprenti imprimeur, il suit Bugeaud dans diverses opérations et tire de son voyage deux articles, *Les Aïssaoua* et *La Danse des djinns* qui paraissent dans *L'Écho de Paris.* Il revient en Algérie en 1862, mandaté par *Le Moniteur universel,* pour « couvrir » l'inauguration des premiers cinquante kilomètres du chemin de fer qui relie Blida à Alger. L'ensemble de ses reportages sera regroupé dans un ouvrage édité en 1865 sous le titre *En Afrique.*
3. Eugène Fromentin, peintre et écrivain, découvre l'Algérie en 1846. Il a vingt-six ans. Il y revient l'année suivante : il est alors un des premiers civils à entrer dans Biskra, tout juste occupée. En 1852, il effectue un troisième séjour dans le grand Sud jusqu'à Laghouat et Djelfa. Sa femme cette fois l'accompagne. Tour à tour, Fromentin prend des notes et des croquis. Ses séjours en Algérie se concrétiseront par plusieurs toiles et deux livres, *Une année dans le Sahel* et *Un été dans le Sahara.*
4. Après la mort de leur mère, Edmond et Charles de Goncourt, âgés respectivement de vingt-sept et dix-neuf ans, hésitent sur leur avenir : seront-ils peintres ou écrivains ? L'Algérie, au faîte de l'actualité, leur paraît être l'occasion de se déterminer. Ils embarquent pour Alger en 1848, y passent quelques semaines et en reviennent avec des *Notes au crayon,* dessins et commentaires que publie le journal *L'Éclair.*
5. C'est chargé d'une mission gouvernementale qu'Alexandre Dumas, auteur à très grand succès, se rend en Algérie en 1846. Il bénéficie du soutien financier du duc de Montpensier qui, avec ses frères Orléans, Aumale et Joinville, avait participé à la conquête. Dumas s'est engagé à écrire un livre à la gloire de l'Algérie. *Le Véloce, ou Tanger, Alger et Tunis* paraît en 1848.

CHAPITRE 4

1. Au printemps 1848, Gustave Flaubert se rend en Tunisie où il veut rassembler des impressions pour *Salammbô*. Embarqué à Marseille, il accoste à Stora puis traverse le Constantinois pour rejoindre Carthage. Tout le long de ce voyage, il tient un carnet de bord et, parallèlement, livre ses impressions dans des lettres qu'il adresse à ses amis, Louis Bouilhet et Ernest Feydeau. Ces manuscrits seront édités en 1910 à l'initiative de Caroline Franklin-Grout, sa nièce et légataire universelle.

2. Ce sont des problèmes de santé qui amènent Alphonse Daudet en Algérie, où il passe neuf semaines, de décembre 1861 à février 1862. Durant son séjour, il envoie plusieurs articles aux deux journaux auxquels il collabore, *L'Événement* et *Le Figaro*. Son cousin Reynaud, grand chasseur de fauves, qui l'accompagne, lui inspire le personnage de Tartarin de Tarascon. Le livre paraît en 1872.

3. Ernest-Aimé Feydeau, le père du vaudevilliste Georges Feydeau, ami de Flaubert et des Goncourt, visite l'Algérie de juin à novembre 1860. Grand admirateur du colonel Yusuf, ce chrétien élevé par des Turcs, devenu interprète puis soldat glorieux dans l'armée française, il est un des partisans les plus convaincus de la politique des bureaux arabes. Il dédiera à Sainte-Beuve son livre *Alger*, paru en 1862.

CHAPITRE 5

1. D'origine lorraine, né dans une famille petite bourgeoise cléricale, Louis Bertrand arrive en Algérie en 1891, à l'âge de vingt-cinq ans, en tant que professeur de lettres. Au début du siècle, il publie plusieurs ouvrages, dont *Le Sang des races*, une des bibles du Mouvement algérianiste. Élu à l'Académie française, Louis Bertrand sera, à l'occasion du Centenaire, un des écrivains les plus sollicités pour vanter la beauté et les mérites de l'Algérie.

2. Écrivain et poète, amoureux de la nature, Francis Jammes découvre l'Algérie en 1896, en compagnie d'André Gide. Le pays l'émerveille. Il lui consacre *Notes sur des oasis et sur Alger*.

3. Ami de François Coppée et de Barbey d'Aurevilly, Jean Lorrain, auteur de contes, de romans, de poésies et de pièces de théâtre, fait, de 1893 à 1898, trois voyages en Algérie. Journaliste, il écrit pour *L'Événement*, *Le Figaro* et *L'Écho de Paris* qui publient ses premiers reportages africains. En librairie, ses souvenirs de voyage paraissent en 1899 sous le titre *Heures d'Afrique*.

4. Ethnographe, linguiste, agrégé d'histoire, Émile Masqueray crée avec Paul Bert, ministre de Gambetta, les premières écoles supérieures d'Alger, les futures Facultés. Voyageur infatigable, il parcourt en 1874 le pays des mois entiers à dos de cheval, de mulet ou de chameau, et en rapporte des impressions de voyage que publient *La Revue bleue*, *Le Journal des débats* et le supplément littéraire du *Figaro*. Ces reportages seront réunis, en 1894, dans une compilation, *Souvenirs et visions d'Afrique*.

5. Guy de Maupassant est déjà célèbre grâce à *Boule de Suif*, lorsqu'il se rend en Algérie le 6 juillet 1881, envoyé par le journal *Le Gaulois* pour couvrir la révolte des Bou-Amama, une tribu de la région de Saïda. Ses reportages et ses premières nouvelles, dont *Marocca*, sont réunis en 1884 dans un recueil édité sous le titre *Au soleil*. La même année, il retrouve l'Algérie, cette fois sur les conseils de son médecin. En 1990 sort *La Vie errante*, un livre consacré à ce deuxième voyage.

6. Isabelle Eberhardt, d'origine russe, élevée à Genève, a tout juste vingt ans lorsqu'elle arrive en Algérie en mai 1887. Elle vit d'abord à Bône avant de s'installer à Aïn-Sefra, dans le Sud oranais. Sept ans plus tard, le 21 octobre 1904, on retrouve son corps dans les décombres de sa maison, ravagée par les inondations qui ont submergé la petite oasis. C'est Lyautey qui fait rechercher ses écrits dans la boue. Isabelle Eberhardt avait peu publié de son vivant, juste quelques nouvelles et quelques reportages pour les journaux *L'Akhbar* et *La Dépêche algérienne*. L'écrivain René-Louis Doyon, né à Blida, rassemblera en 1923 plusieurs de ses textes et les éditera sous le titre *Mes journaliers*.

7. Interprète.

CHAPITRE 6

1. De tous les écrivains, André Gide est un de ceux qui séjournent le plus souvent et le plus longtemps en Algérie. Il y débarque une première fois en 1893 et y revient ensuite cinq fois jusqu'en 1903. Il séjourne tantôt à Alger et tantôt à Biskra, et songe à s'installer dans le pays. Entre 1940 et 1945, il participe à la vie culturelle locale représentée par Gabriel Audisio, Jean Sénac et Albert Camus. Il collabore à plusieurs revues comme *L'Arche* de Jean Amrouche ou *Fontaine* de Max-Pol Fouchet, et publie divers essais chez Edmond Charlot.

2. C'est en 1998 qu'André Gide croise en Algérie Oscar Wilde, écrivain irlandais volontiers provocateur qui avait défrayé la chronique pour une affaire de mœurs. Oscar Wilde devait mourir deux ans plus tard.

3. De son vrai nom Robert Arnaud dont il avait fait l'anagramme Robert Randau, ce haut fonctionnaire, né à Alger, est nommé à l'âge de vingt-six ans administrateur adjoint à M'sila, dans le Sud constantinois, puis poursuit sa carrière à Tenès. À partir de 1920, il prend la tête du Mouvement algérianiste qui emprunte son nom à l'un de ses ouvrages. À la veille de la commémoration du Centenaire, il recevra en 1929 le Grand Prix littéraire de l'Algérie pour l'ensemble de son œuvre, dont *Les Colons* et *Le Professeur Martin, petit bourgeois d'Alger*.

4. Jean Pomier, qui crée avec Robert Randau le Mouvement algérianiste, dirige de 1924 à 1955 la revue *Afrique* qui en est l'émanation. Auteur notamment d'une *Chronique d'Alger ou le temps des Algérianistes*, il recevra en 1966 le prix Toirac de l'Académie française pour l'ensemble de son œuvre.

5. Né à Marseille, Gabriel Audisio avait suivi son père à Alger où celui-ci avait été appelé pour diriger l'opéra. Devenu professeur de lettres et d'histoire des civilisations, Audisio fut dès le début des années 20, avec *Jeunesse de la Méditerranée* et *Hommes au soleil*, un des porte-parole du Mouvement algérianiste avant de devenir, à la fin des années 30, directeur du tourisme algérien.

6. Ce champenois, amputé de l'avant-bras gauche pendant la guerre de 14-18, avait trouvé dans l'Algérie le pays de ses rêves. Il s'installe d'abord en Oranie, où il dédie quelques vers de jeunesse au père du couturier Yves Saint-Laurent, puis part habiter Laghouat où, vêtu du costume saharien, il héberge Gide et Montherlant. En 1934, il recevra le Grand Prix littéraire de l'Algérie pour *L'Envoûtement du Sud*.

7. Espadrilles.

8. Imbécile.

Bibliographie

ACHARD Paul, *Salaouètches*, Alger, Baconnier, 1949 ; Balland, 1972.
AUDISIO Gabriel, *Jeunesse de la Méditerranée*, Gallimard, 1935.
BACRI Roland, *Et alors ? et oila*, Balland, 1968.
–, *Les Rois d'Alger, Grasset, 1988.*
–, *Trésors des racines pataouètes*, Belin, 1983.
BERBRUGGER L.-A., *L'Algérie, historique, pittoresque et monumentale*, Delahaye, 1843.
BERQUE Augustin, *L'Algérie, terre d'art et d'histoire*, Heintz, 1937.
–, *Écrits sur l'Algérie*, Édisud, 1986.
BERTRAND Louis, *Le Sang des races*, Ollendorff, 1899.
–, *Pépète le Bien-Aimé*, Fayard, 1904.
–, *La Concession de Mme Petitgand*, Fayard, 1912.
–, *Le Roman de la conquête*, Hachette, 1929.
BRUA Edmond, *L'Impromptu d'Alger*, Heintz, 1942.
–, *Les Fables bônoises*, Baconnier, 1946.
–, *La Parodie du Cid*, Baconnier, 1961.
BUGEAUD maréchal, *Par l'épée et par la charrue*, PUF, 1948.
CAMUS Albert, *L'Été*, Alger, Gallimard, 1954.
–, *Noces*, Alger, Gallimard, 1949.
–, *Le Minotaure ou la halte d'Orna*, Gallimard, 1946.
–, *Carnets*, Gallimard, 1962.
–, *Le Premier Homme*, Gallimard, 1994.
CASTELLANE comte Boniface de, *Souvenirs des campagnes d'Afrique 1835-1848*, Plon-Nourrit, 1897.
CELARIÉ Henriette, *Un mois en Algérie et en Tunisie*, Hachette, 1924.
CHATEAUBRIAND François-René de, *Mémoires d'outre-tombe*, coll. Quarto, Gallimard, 1976.
COHEN Jean, *Chronique d'une Algérie révolue*, L'Harmattan, 1997.
COPPÉE François, *Aux Français d'Alger, strophes*, Jourdan, 1891.
DAN père, *Histoire de la barbarie et de ses corsaires*, P. Rocolet, 1637.
DANIEL Jean, *Le Refuge et la source*, Grasset, 1977.
–, *Avec le temps*, Grasset, 1988.
DAUDET Alphonse, Contes du lundi, Lemerre, 1873 ; Charpentier, 1903.
–, *Tartarin de Tarascon*, Flammarion, 1877.
DUC D'ORLÉANS, *Campagnes de l'armée d'Afrique*, Michel Lévy, 1870.
–, *Récits de campagne*, Calmann-Lévy, 1892.
DUCHÊNE Ferdinand, *France nouvelle, mœurs algériennes*, Calmann-Lévy, 1903.
–, *Au pas lent des caravanes*, Calmann-Lévy, 1922.
DUMAS Alexandre, *Le Véloce, ou Tanger, Alger et Tunis*, Alexandre Cadot, 1848.
EBERHARDT Isabelle, *Notes de route*, Fasquelle, 1908.
–, *Lettres et Journaliers*, La Connaissance, 1923 ; Actes Sud, 1987.
–, *Contes et Paysages*, La Connaissance, 1925.
–, *Yasmina et autres nouvelles algériennes*, Liana Levi, 1986.
ERCKMANN-CHATRIAN, *Une campagne en Kabylie, récit d'un chasseur d'Afrique*, Hetzel, 1874.
FAVRE Lucienne, *Tout l'inconnu de la Casbah d'Alger*, Baconnier, 1933.
FERNEL commandant, *Campagne d'Afrique en 1830*, Barrois, 1831.
FEYDEAU Ernest, *Alger*, Michel Lévy, 1862.
–, *Le Secret du bonheur*, Calmann-Lévy, 1864.
–, *Souna*, Calmann-Lévy, 1874.
FLAUBERT Gustave, *Le Voyage à Carthage, Notes de voyage*, Conard, 1910.
DE FRÉMINVILLE Claude, *Bunoz*, Charlot, 1946.
–, *Le Manège et la Noria*, Gallimard, 1954.
FROMENTIN Eugène, *Un été dans le Sahara*, Michel Lévy, 1857.
–, *Une année dans le Sahel*, Michel Lévy, 1859.
GAUTIER Théophile, *Loin de Paris*, Michel Lévy, 1865.
GIDE André, *Mopsus*, Gallimard, 1899.
–, *L'Immoraliste*, Mercure de France, 1902.
–, *Le Renoncement au voyage*, Gallimard, 1925.
–, *Amyntas*, Gallimard, 1925.
–, *Feuilles de route*, Gallimard, 1925.
GONCOURT Edmond et Jules de, *Pages retrouvées*, G. Charpentier, 1886.
GRENIER Jean, *Inspirations méditerranéennes*, Paris, Gallimard, 1999.
HUGO Victor, *Choses vues, 1830-1848*, Gallimard, 1997.
LORRAIN Jean, *Heures d'Afrique*, Fasquelle, 1930 ; L'Harmattan, 1994..
LOTI Pierre, *Les Trois Dames de la Casbah*, Calmann-Lévy, 1884.
LOVERDO comte de, *Journal d'un officier supérieur*, Anselin, 1831.
MAC-MAHON maréchal de, *Mémoires du maréchal de Mac-Mahon, souvenirs d'Algérie*, Plon, 1932.
MARX Karl, *Lettres d'Alger et de la Côte d'Azur*, Le Temps des Cerises, 1997.
MASQUERAY Émile, *Souvenirs et Visions d'Afrique*, Jourdan, 1914.
MAUPASSANT Guy de, *Au soleil*, Havard, 1888.
–, *Contes et autres nouvelles africaines*, Gallimard, 1979.
–, *Lettres d'Afrique, Algérie, Tunisie*, La Boîte à Documents, 1990.
MÉRIMÉE Prosper, *Djoumane*, Calmann-Lévy, 1881.
MERLE Jean-Toussaint, *Anecdotes historiques et politiques pour servir à l'histoire de la conquête d'Alger en 1830*, Dentu, 1831.
MONTHERLANT Henry de, *Coups de soleil*, Galllimard, 1990.
MORAND, Paul, *Méditerranée, mer de surprises*, éditions du Rocher, 1990 et 1996.
MUSETTE (Auguste Robinet), *Les Amours de Cacayous*, Méditerranée Vivante, 1949.
–, *Le Mariage de Cacayous*, Méditerranée Vivante, 1949.
PÉLÉGRI Jean, *L'Embarquement du lundi*, Gallimard, 1952.
–, *Les Oliviers de la justice*, Gallimard, 1959.
–, *Le Maboul*, Gallimard, 1973.
PÉLISSIER DE REYNAUD, *Annales algériennes*, Anselin, 1839 ; Bastide, octobre 1854.
POIRET abbé, *Lettres de Barbarie*, Le Sycomore, 1980.
RANDAU Robert, *Les Colons*, Jules Carbonel, 1907.
–, *Les Algérianistes*, Jules Carbonel, 1911.
–, *Cassard le Berbère*, Jules Carbonel, 1921.
–, *Sur le pavé d'Alger*, Baconnier, 1936.
RECLUS Onésime, *Algérie et Tunisie*, Hachette, 1909.
–, *L'Atlantide, pays de l'Atlas*, La Renaissance du Livre, 1919.
ROBERT Claude-Maurice, *Voyage aux oasis*, Soubiron, 1934.
–, *Le long des oueds de l'Aurès*, Baconnier, 1936.
–, *Tlemcen, jardin d'Eden*, Baconnier, 1954.
ROBLÈS Emmanuel, *Les Hauteurs de la ville*, Seuil, 1960.
–, *Saison violente*, Seuil, 1974.
ROY Jules, *La Guerre d'Algérie*, Julliard, 1960 ; Christian Bourgois, 1994.
–, *Adieu ma mère, adieu mon cœur*, Albin Michel, 1996.
–, *Mémoires barbares*, Albin Michel, 1989.
ROZET capitaine, *Voyage dans la régence d'Alger*, Didot, 1833.
SAINT-ARNAUD maréchal de, *Lettres 1832-1854*, Michel Lévy, 1855.
TOCQUEVILLE Alexis de, *Œuvres et correspondance inédites*, Michel Lévy, 1861.
–, *Nouvelles correspondances*, Michel Lévy, 1866.
–, *Œuvres, papiers et correspondance*, Gallimard, 1962.
VEUILLOT Louis, *Les Français en Algérie, souvenir d'un voyage fait en 1841*, Alfred Mame et fils, 1847.

Crédits

Textes

GABRIEL AUDISIO : p. 132, 135, 158, *Jeunesse de la Méditerranée*, D.R., Gallimard, 1935.
ROLAND BACRI : p. 105, 108, *Trésor des racines pataouètes*, © Belin, 1983.
LOUIS BERTRAND : p. 133, © *La Revue des deux mondes*, 15 juin 1934.
JACQUES BERQUE : p. 138, 145, 146, *Écrits sur l'Algérie*, © Édisud, 1986.
ALBERT CAMUS : p. 141, *Carnets*, novembre 1939, © éditions Gallimard ; p. 158, 164, « L'Été à Alger », in *Noces*, © éditions Gallimard ; p. 165 : *Le Premier homme*, © éditions Gallimard ; p. 166 : « Noces à Tipasa », in *Noces*, © éditions Gallimard ; p. 168, *Carnets*, avril 1939, © éditions Gallimard ; p. 170, *Carnets*, février 1940, © éditions Gallimard ; p. 171, 173, « Le Minotaure ou la halte d'Oran », in *L'Été*, © éditions Gallimard ; p. 172, 181, « Petit Guide pour des villes sans passé », in *L'Été*, © éditions Gallimard.
HENRIETTE CÉLARIÉ : p. 120, 122, *Un Mois en Algérie et en Tunisie*, © Hachette, 1924.
JEAN DANIEL : p. 136, *Avec le temps*, © Grasset, 1988.
ANDRÉ GIDE : p. 98, 101, 103, 107, « Le Renoncement au voyage » in *Amyntas*, © éditions Gallimard ; p. 124, *L'Immoraliste*, © Mercure de France, 1902 ; p. 154, « Feuilles de route », in *Amyntas*, © éditions Gallimard.
JEAN GRENIER : p. 162, 176, 179, 183, 184, *Inspirations méditerranéennes ;* p. 169, Santa Cruz et autres paysages africains, in *Inspirations méditerranéennes* © éditions Gallimard.
HENRY DE MONTHERLANT : p. 131, 132, 133, 134, 135, 137, « Il y encore des paradis », in *Coups de soleil*, © éditions Gallimard.
PAUL MORAND : p. 168, *Méditerranée, mer des surprises*, © éditions du Rocher, 1990 et 1996.
JEAN PÉLÉGRI : p. 161, 165, *Les Oliviers de la justice*, © Jean Pélégri, Gallimard, 1959 ; p. 175 : *Le Maboul*, © Jean Pélégri, Gallimard, 1973.
ROBERT RANDAU : p. 102, *Cassard le berbère*, D.R.
EMMANUEL ROBLÈS : p. 143, 170, *Saison violente*, © éditions du Seuil, 1974.
JULES ROY : P 176, *La Guerre d'Algérie*, © Christian Bourgois, 1994, première édition René Julliard, 1960 ; p 178, 183, *Mémoires barbares*, © éditions Albin Michel, 1989.

Photographies

© PHOTOTHÈQUE HACHETTE : p.54/55, 56 bas, 58 haut, 66/67, 69, 77, 78, 80/81, 83, 84/85, 86, 87, 90, 91, 92/93, 94/95, 98/99, 100, 103 haut, 104, 105, 106, 107, 108, 108/109, 114, 115 haut, 116/117, 122, 123, 124/125, 130, 133, 135, 140 bas, 147, 151, 156/157, 158/159, 162, 163, 174/175, 182.

© MUSÉE DE LA MARINE : P. 17, 18, 20, 22, 26/27, 28, 36/37, 40/41, 42/43, 45, 48/49, 60/61, 62.

© CENTRE DES ARCHIVES D'OUTRE-MER, AIX-EN-PROVENCE, ARCHIVES NATIONALES : 71, 75.

Toutes les autres illustrations proviennent de collections personnelles.

Conception et réalisation graphiques : Ben & Fils
Photogravure : Allo Flash
Achevé d'imprimer par G. Canale en octobre 2000

Dépôt légal : octobre 2000
N° d'éditeur : 13029/01